沒人敢說
的事實

核能、經濟、暖化、
脫序的能源政策

陳立誠——著

It's not what you don't know that hurt you,
it's what you know that ain't so.

——Mark Twain

造成傷害的不是無知，而是錯誤的認知。

——馬克吐溫

自序

　　本書為作者過去一年部落格（台灣能源）文章結集而成。個人設立部落格的目的在於糾正瀰漫於社會上有關能源議題的錯誤報導。

　　近日核四議題在報章雜誌上沸沸揚揚，但仔細檢視新聞報導，竟然大半是偏頗及錯誤的。被大量錯誤報導所洗腦的民眾，有何能力在「核四公投」時作出正確的判斷？糊里糊塗投下的一票不知將為國家社會及廣大民眾造成多麼重大的傷害。

　　今日政府幾將全部威信押於核四之戰，但令人啼笑皆非的是核四問題只是我國能源問題的冰山一角。核能對台灣極為重要，政府力挺核四續建及運轉是十分正確的政策。但核能既然如此重要，政府又何以對反對「核電延役」的錯誤政策自圓其說？

　　政府強調核四重要的全部論述（穩定供電、價廉，減碳），核一至核三至少有兩倍的好處（因後者年發電量為核四的兩倍）。

　　從更巨觀的角度來考察，核能如此重要是因為核能提供了廉價的基載電力。但核能發電也只不過提供了我國百分之二十的電力。如果政府力挺核能是重視基載電力的表現，則又何以辯解「節能減碳」政策對提供更大量基載電力的燃煤電廠造成的重大傷害？

　　強力推動核四，並不能解決其他錯誤能源政策對我國經濟所造成的災難性後果。政府「穩健減核」及「節能減碳」是能源政策

的兩大支柱,但如果全面施行,在十年後我國發電成本每年將暴增二千五百億元。全國八百萬戶,每戶平均負擔三萬元。許多國人認為能源政策事不關己,絕非如此!基礎建設方向錯誤,影響至少一個世代,錯誤能源政策對國家經濟的長遠影響將超過八兆元。

不論「穩健減核」還是「節能減碳」,都是「恐懼」壓倒「理性」的後果。前者是對「核能災變」的恐懼,後者是對「全球暖化」的恐懼。本書針對媒體對此兩者的過份渲染也有所解說,希望能化解民眾長年受媒體誤導所造成的錯誤認知。

錯誤的政策應立即修正,因再生能源仍不成氣候,「穩健減核」加上「節能減碳」兩政策的後果是發電只有燃氣一途。我國目前已加速在海外大量購買液化天然氣,並簽下無法反悔的長約。此一行動不立即停止,下屆政府將無任何空間導正錯誤的能源政策,因為大錯已鑄,無法修正。針對錯誤的能源政策,政府應立即改弦易轍,才能挽救不可避免向下沉淪的經濟。

世界各國擬定攸關國運的能源政策,無不極端慎重,如履薄冰。極少發生如我國般遭對能源一知半解之環保團體所綁架的現象,實令人毛骨悚然。

一年前曾出版《能源與氣候的變遷》一書,系統性的論述我國能源政策問題。與前書不同,本書每篇文章都只討論單一議題,應較為容易閱讀,希望經由正確資訊的不斷傳播,終可導正政府能源政策及挽救我國國運。

目 次

能源政策建言（代結語）　　　217

附　　錄

圖目次

表目次

第一篇
油電雙漲

第一章　電費爭議

電費為什麼漲價？

近來電費漲價成為熱門話題，各大報及電視台都常以頭條新聞刊登或播出。但電費為什麼漲？各家提出理由千奇百怪。有人說「煤買貴了」，有人說「台電經營不善」，有人說「台電與民營電廠間有利益輸送」，實際上都沒有搔到癢處。

電費漲價真正原因不難說明，但在層峰錯誤能源政策，經濟部及台電人員有口難言的態勢下，電價竟成了一個越說越糊塗的議題。

今日電費高漲除因燃料價格上漲外，最主要的原因在於台灣目前發電結構出了大問題。台灣電力系統發電結構中發電成本低廉的核能發電和燃煤發電（所謂基載電廠）所佔比例太低，昂貴的燃氣電廠佔了太高的比例。2006-2010的五年間，不同燃料每度電平均發電成本為：核能0.63元、燃煤1.42元、及燃氣3.2元（詳圖1-1）。燃氣發電每度電發電成本為核能的5倍，為燃煤的2.3倍。

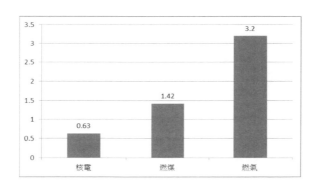

圖1-1　核能、燃煤、燃氣發電成本比較

　　以2010為例，當年核能／燃煤／燃氣的發電度數分別為400億度／934億度／580億度[1]，發電成本則分別為264億元／1485億元／1810億元（詳圖1-2）。

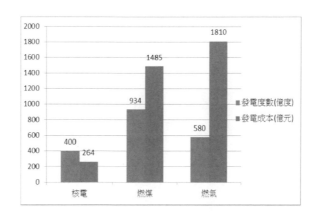

圖1-2　2010不同燃料發電度數與成本[2]

[1]　台灣電力公司，民99年統計年報，2011。
[2]　彩圖頁為P.243。

我國目前基載電廠（核能＋燃煤）只佔全系統裝置容量42%[3]，與基載電廠合理裝置容量65%相去太遠，不得不利用昂貴的燃氣電廠作為基載之用，昂貴的燃氣發電提供了太大比例的電力。而基載電廠不足的原因在於過去二十年來社會上瀰漫了反核電、反燃煤氛圍的結果。在這種大環境下，只有加建較少遭到反對的燃氣電廠來應付電力成長。長期下來，終於扭曲了我國電力結構，造成了發電成本高漲。但非常不幸的這苦果要全體人民來承擔。

設若我國今日基載電廠裝置容量合理，則發電成本必然大幅降低。這部份在第五章再詳細論述。

電價又緩漲？政府說不出口的秘密

依目前輿論及各界的錯誤共識，電費漲價的主因竟是民營電廠、汽電共生廠吃定台電，這又正是台電管理不善的明證。台電啞巴吃黃蓮有苦說不出，越說越糊塗的結果，也賠上了整個執政團隊的形象、信譽。這種困境到底所為何來？值不值得？事實上，電費不得不漲價是電力結構出了大問題，這也不是什麼獨得之密，經濟部施顏祥部長在接受訪問[4]時曾指出：台灣電價較韓國貴是「台韓能源結構不同的影響」。部長並進一步解釋「台灣天然氣發電比重較韓國高，相對成本較高」，能源配比會影響發電成本，由於蓋電廠需要花很長的時間，一旦結構決定後就很難改變。

針對台灣發電成本比韓國高的原因，首先是台灣使用天然氣發電比重較韓國高，相對成本較高。其次，韓國燃煤、核能發電比重較

---

[3]　同註一。

[4]　中央社，民101年4月20日。

台灣高，其中，韓國核能發電比重約30%，台灣則約19%至20%，因此韓國發電成本較低。另一方面「韓國燃煤、核能發電比重較台灣高」，這些都是施部長一針見血之論。我們真正要探索的是為什麼台灣電力結構陷於今日困境，及如何改正補救。

但兩者都是政府說不出口的秘密，台灣電力結構陷於今日慘狀，不能不歸功於政府的「節能減碳」政策。而要補救改正今日電力結構也很簡單——加緊建設核能及燃煤電廠。但今日政府的「核電不延役」及「節能減碳，燃氣最大化」兩大能源政策，只會使台灣電力結構日趨惡化。這就是政府說不出口的秘密，也是電費漲價越解釋越不清楚，順帶賠上整個政府的形象信譽的主因。政府當然咎由自取，不幸的是國家及人民的未來，將葬送在不知所為何來的錯誤能源政策上。

浮動電價——連結原物料價格的盲點

政府宣佈台電電費緩漲的配套措施中，最重要的一條就是建立浮動電價公式——未來國內油電價漲跌幅都將依國際原物料價格調整。這句話實在隱含了極大的盲點。

石油產品很多，但原物料只有一種——原油，石油產品依原油價格調整是可行的。

電力與石油完全不同，台電雖只有一種產品，但燃料可以是鈾（核能電廠）、天然氣（燃氣電廠）、煤炭（燃煤電廠），甚至可以是水力、風力、太陽能。台電發電平均成本是由發電配比來決定，個別燃料價格漲跌反為次要。在此可試舉一例：假設在電費調整後，該年台電損益兩平，又假設次年國際各種燃料價格都持平，不漲不跌，

台電是否仍維持損益兩平？答案很可能出乎許多人意料，正確答案是否定的。

台電發電平均成本最主要取決於發電配比。取決於總發電度數中，低價發電方式（核能、燃煤）與高價發電方式（燃氣）比例為何。

回到原先的例子，假設第一年台電損益兩平，第二年國際燃料價格不變，但電力需求成長了3%，因電力系統中的核能電廠及燃煤電廠都已滿載，所增加的3%度數只好由最貴的燃氣電廠供電。但因國際燃料未漲，台電只能以前一年電價收費，無法彌補因第二年增加燃氣發電度數所增加的成本。所以雖然國際燃料價格未變，台電第二年仍將虧損。由此例可清楚的發現發電配比才是決定台電盈虧的主要因素，而不全然取決於國際燃料價格的變動。

我國目前電價非漲不可的主因在於發電結構極不理想，在社會上瀰漫反核、反煤（抗暖化）的影響下，過去十年台灣發電系統增加的燃煤機組只有六部，但天然氣機組則有十五部之多，無怪乎今日電價不得不調漲。

影響發電成本重中之重的是發電配比，目前政府能源政策的兩大支柱「節能減碳」，「穩健減核」，一反煤，一反核，都將使未來電價暴漲，苦日子還在後頭。政府理當為自己的政策辯護，但今日未見政府站出來承擔政策失誤所造成的後果，只會移轉焦點找民營電廠及汽電共生廠為替罪羔羊，實在不是一個負責任的政府應有的態度。要避免未來電價暴漲的唯一途徑，是改善目前不合理的電力結構，釜底抽薪之計是修正目前錯誤的能源政策。

能源稅──財政部長的誤會

　　數月前，行政院財經系列會議討論能源政策，工商團體將問題聚焦在能源稅。財政部張部長表示，維護國際競爭力是開徵能源稅的大原則，「台灣的能源稅後價格，不會超過日韓」。財經官員並說明，稅後價格不超過日韓，才可保台灣產業的國際競爭力。能源稅牽涉十分廣泛，是否包含碳稅及環境稅並不明確。數年前經濟部和賦改會版本相差極大，大家可能都記憶猶新。所謂「能源稅稅後價格不會超過日韓」，可「保持台灣產業競爭力」，這句話聽起來很有道理，但問題出在哪裡？

　　作者一再強調，台灣今日能源的大問題是能源配比問題，因能源配比的重大失衡，削弱當前我國產業國際競爭力，各別能源（油、氣、煤、核）的價格反而並非主要。設想有甲、乙兩鎮，鎮上都各有十家賣食材的店，為說明簡便，假設只有米和牛排的兩種食材。乙鎮的鎮長宣布，在徵收食材稅後，乙鎮食材稅後價格（不論是米或牛排）都不會超過甲鎮，所以乙鎮家庭的伙食費應不會高於甲鎮，伙食費具有「鎮際競爭力」。這句話聽起來是否十分熟悉，聽起來也很有道理。

　　但問題出在哪裡？甲鎮的十家食材店中有九家賣米，一家賣牛排。但乙鎮的十家食材店中只有一家賣米但有九家賣牛排。不錯，甲、乙兩鎮米和牛排的單價相當，但乙鎮居民因常常買不到米（只有一家米店）不得不經常買昂貴的牛排作為家庭食材，家庭伙食費自然遠高於甲鎮居民，「鎮際競爭力」其實很差，因為家庭的主要開支都使用於購買昂貴食材，已無餘力作其他消費來提昇生活品質了。

財政部長以為能源稅後價格不超過日韓可保台灣產業的國際競爭力，實在犯了同樣的錯誤。財政部長不懂能源，情有可原，但這類因誤會而產生的言論很可能誤導了人民。經濟部應該是很懂能源的，但也不見站出來糾正這種言論。政府又重蹈「盲目貫徹不成熟政見」的錯誤，台灣人民就等著概括承受吧。

台電是爛公司嗎？

年初因為年終獎金、公司考績，台電又一再成為媒體焦點。報載馬總統也點名中油、台電應作「內部經營的改革，減少浪費、增加效率」云云。依媒體報導，台電簡直一無是處，真是個爛公司，但事實如何？

之前於某研討會，中華經濟研究院梁董事長曾列表將台電經營績效與先進國家電力公司相比較。所比較的線路損失率、停電時間、員工售電度數都是電力經營績效極為重要的指標。表1-1即為各公司相關數據的比較：

表1-1　國際電業績效比較表

項目	台電	美國南方電力	法國電力	加拿大魁北克電力	義大利電力	日本中部電力	韓電
線路損失率（%）	4.76 (2011)	5.8（n）(2009)	6.9（n）(2009)	6.2（n）(2008)	6.4（n）(2009)	4.8 (2009)	3.99 (2010)
每戶停電時間（分／戶、年）	18.22 (2011)	14.1 (2009)	61.6（n）(2007)	120 (2010)	46 (2010)	4* (2008)	15.15* (2010)
每員工售電量（萬度／人）	879 (2011)	759 (2010)	661（n）(2010)	987 (2010)	303 (2010)	830 (2010)	1,285** (2010)

註：（n）代表全國資料。

*　：日、韓每戶停電時間在3分鐘以上始納入統計。台電為1分鐘以上即納入統計。

**：韓電每員工售電量不含發電、建廠及維護之員工人數。若台電亦扣除電廠及維修人員，則每員工售電量為1,313萬度。

該表的註釋十分重要，請詳細閱讀。

由該表可明顯看出台電經營績效與先進國家同業相較毫不遜色，有些指標還名列前茅。去年世界銀行公布的「2012全球經商環境報告」，首次將「電力取得」列為評比項目，台灣在全球183個經濟體中，排名第三，在亞洲排名第一。由以上各種數據顯示台電經營績效實際上十分優越。

台電當然不是沒有改善的空間，任何企業都應持續改善（Continuous Improvement, CI），台電也不例外。但台電由國人心目中的模範企業淪落到今日幾乎「人人喊打」的地步，對台電公平嗎？

台電淪為今日地步有兩大原因：一為核能發電，一為油電雙漲。但以這兩個原因痛批台電都是是非不分，黑白顛倒的明證。

以核能發電而言，今日社會大眾對核能發電的誤解有很大原因來自媒體誤導，根本原因在於媒體本身對核電知識不但貧乏還十分偏頗。以油電雙漲而言，更是本書檢討錯誤能源政策的重點。電費漲價是政府大力推動「減碳政策」的後果。而「穩健減核」政策將變本加厲的惡化我國電力結構，使未來電費更加飛漲，將造成我國企業喪失國際競爭力的嚴重後果。以核能發電、油電雙漲來指責台電都是極不公平的對待台電。台電員工能服氣嗎？

能源是何等重要的國家大事，中油、台電又是何等重要的國營企業。國家領導人應思考如何鼓舞其士氣而不是打擊廣大員工士氣。歷

史上不乏聽信錯誤訊息，打擊忠良而造成嚴重後果的先例，前人稱之為「自毀長城」。今日核能、燃煤是何等重要的國家經濟支柱，非要「減碳降核」豈不是「自毀長城」？

油價走勢容易預測嗎？

因「油電雙漲」，政府被叮得滿頭包。很「不幸」的油價在調漲後，因國際油價一路走低，中油又一連九次調降油價，更被立委強力砲轟。

油價走勢是容易預測的嗎？

有些圖表是令人「一見難忘」，圖1-3為國際上極為知名的能源專家Vaclav Smil在其《能源在十字路口（Energy at the Crossroad）》書中的一個圖表。該圖是Smil依BP（英國石油公司）資料，統計1981到2001二十年間油價走勢的變化。該圖縱座標表示當年油價變化，橫坐標表示前一年油價的變化。由該圖可看出，油價變化基本上是random（隨機）的，並無任何脈絡可循。如果真有人能準確預測油價，早就在國際期貨市場呼風喚雨，成為國際首富了。

中油無法預測油價並不稀奇，立委諸公也實在不必大驚小怪。

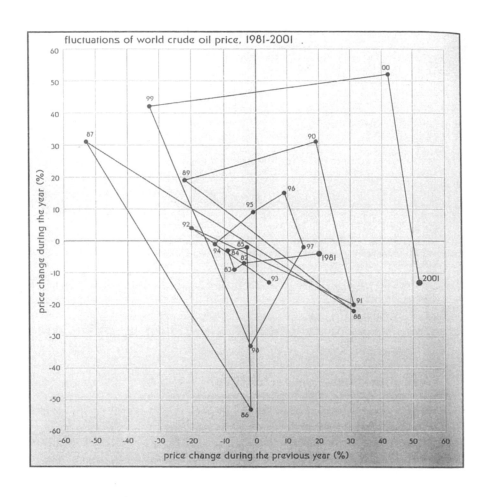

圖1-3　油價變動圖

第二章　民營電廠

為什麼要向民營電廠購電？

　　為什麼要向民營電廠購電？報章雜誌和政論節目替這個問題掛上「圖利財團」或「台電肥貓為退休預留後路」的標準答案，但事實如何？

　　為什麼會有民營電廠真是說來話長。1970年代及1980年代初期是台灣經濟發展最為迅速的年代。每年經濟，用電成長有如現今的中國大陸，都在10%左右。當時環保團體與「黨外」勢力都未成氣候，在萌芽階段。未聞民間有反對設立電廠的輿論，台電電力建設都十分順利並能配合經濟發展。在1980年代下半，因反核四，環保團體與政治上反對勢力結盟後，不但核四，就是一般火力電廠開發都面臨了極大的阻力，極不順利。但電力開發是十年大計，80年代下半電力開發受阻的後果使得1990年代上半台灣備用容量陷於極端不足的（只有5%左右）險境。說老實話，當時政府對環保團體，地方勢力（輸電線路困擾）也無計可施，只好開放民間電廠，希望以財團之力解決此二問題。

　　開放民營電廠此一政策果然奏效，從1999年到2004年的五年間，八家民營電廠的十二部機完工商轉成功加入電力系統，終於解決備用

容量不足問題，在2004年備用容量終於達到20%的安全水準。

　　民營電廠對維持我國電力系統穩定厥功甚偉。民營電廠都是火力電廠，不是燃煤，就是燃氣。燃煤電廠遠較燃氣電廠複雜，成本高，工期長，所以只有兩家民營電廠因本身有港口可進口煤（麥寮及和平），採用固定成本高但將來發電成本低廉的燃煤機組。其他七家民營業者則採用了固定成本低，工期短的燃氣機組（詳表2-1[1]）。

表2-1　台灣民營電力公司

電廠	燃料
麥寮	煤
和平	煤
海湖	氣
嘉惠	氣
新桃	氣
國光	氣
豐德	氣
星彰	氣
星元	氣

　　起伏不定的燃料費用（燃煤與液化天然氣），則依國際慣例在與台電簽售電合約時，依國際燃料價格變動調整。民營電廠中燃煤機組少，燃氣機組多，就使得表面上看起來台電高價購電成了冤大頭，但這一切都是有其歷史背景的。

　　全球民營電廠的建廠經費通常投資者只佔二、三成，七、八成是向銀行貸款。全球燃料價格波動都很厲害，如果售電價格不隨燃料價格連動，是沒有銀行敢冒二十五年（電廠壽命）燃料變動風險貸款給民營

---

[1]　台灣電力公司，民100年統計年報，2012。

電廠業者的。「遵守合約」是現代法治社會的基本要件,如果合約可隨時撕毀,今日社會的商業秩序將蕩然無存,現代社會將立即瓦解。

但因電費上漲,國內已有不少呼聲,基本上是要台電不必遵守與民間業者的合約,聽來令人毛骨悚然。

世界上也不是沒有撕毀購電合約的先例。二十年前王永慶以私人名義在福建漳州所建后石電廠初完工時,大陸經濟尚未起飛,備用容量極高。福建電力局毀約而以打折價格向后石電廠購電,還好王永慶口袋夠深,熬了幾年後大陸開始缺電,恢復依約購電。

台灣要向二十年前的大陸學習嗎?

向民營電廠購電買貴了嗎?

既然要向民營電廠買電是有其歷史背景,第二個問題也很重要:台電買貴了嗎?

媒體曾頭條報導:「台電溢價買電全民買單」,指出「台電虧損一大部分原因是台電扮冤大頭掏空自己,每年花一千多億元向民間電廠購電,而價格比他們自己發電成本高……」[2]。報導中指出,台電自行發電每度2.89元(2011年度決算),向民營電廠購電平均每度3.58元,一年購買近400億度,比自己發電多花200多億元。依這些數據看來只有兩個可能,一個是台電「頭殼壞去」,一個是「必有弊端」。但實際上是怎麼一回事呢?

發電成本完全要看燃料成本和發電組合,2007~2011五年間,台電核/煤/氣每度發電成本各為0.64元/1.55元/3.26元,而台電2011

---

[2] 自由時報:101年4月12日。

年核／煤／氣的本身發電度數分別為405億度／642億度／442億度。台電是一個大電力公司，所屬電廠中有核電、火電（煤、氣、油）、水電、再生能源。台電的發電成本是這些不同發電方式組合的平均成本。2.89元高於核／煤成本但低於燃氣／再生能源成本十分合理。

民營電廠就不同了。民營電廠規模較小，都只有單一發電方式，台灣目前九家民營電廠中，二家為燃煤電廠，七家為燃氣電廠。

台電與每家業者簽約時依不同發電成本有不同購電價格，向燃煤業者購電較為便宜，向燃氣業者購電每度電價格就很高。民營業者並沒有發電成本最低的核能電廠，所以台電向九家民營業者購電的平均成本（3.58元），高於台電本身的發電成本（2.89元），不足為奇。

媒體也指出台電向本身轉投資的國光、星能、森霸、星元採購的電價每度高達3.72元至4元，遠高於3.58元的平均價格。但請注意這四家業者都是燃氣電廠，其採購價格自然高於向民營電廠購電的平均價格（含兩家燃煤業者的價格）。

這些道理說穿了一文不值。但從表面上看來，都是弊端連連，民意代表及媒體只要肯多花一點功夫了解實情，就不會有錯誤指控與報導造成社會上紛紛擾擾，殊為可嘆。

民營電廠與購氣合約

討論民營電廠的議題，仍有一個關鍵點需要解釋，才能釐清台電向民營電廠購電的「謎團」。

目前台電向民營電廠購電的「弊端」重點在於台電本身發電成本低於向民營電廠購電成本，為什麼非要向民營電廠購電？如前所述，今日民營電廠發電成本高於台電原因在於民營電廠多為燃氣電廠，依

台電資料顯示燃氣每度電發電成本為3.2元遠高於燃煤的1.42元。

近幾年台電既然備用容量充沛，為何不儘量利用本身的電廠發電，反而要向民營燃氣電廠以較高價格購電？

整個謎團的重點就於「購氣合約」的特性。購氣合約一簽都極長（二十年以上），並都有take or pay條款（無條件支付條款）。意思是說不論買方是否提用天然氣，一律按合約價格付款，彈性極低。如前篇文章所敘，民營電廠建廠費用七、八成是向銀行團貸款，銀行團同意貸款前要先確定下述三個合約已簽定。

1、台電與民營電廠間簽定的購電合約（Power Purchase Agreement, PPA）：通常台電保證向民營電廠每年購買3504小時的發電量（全年總時數8760小時的40%）。相對的，民營電廠也保證每年可提供3504小時的發電度數給台電。

2、購氣合約：民營電廠與中油簽定二十五年的供氣合約，供氣量也保證每年可發3504小時的電，彈性很小。

3、統包合約：民營電廠一定要與信譽卓著的統包商及主要設備廠商簽好建廠合約。

在上述三合約簽定後，銀行團才認定該民營電廠專案在投資報酬率上可行，是值得貸款的對象。

中油是國內主要進口液化天然氣的單位。為供應台電及民營燃氣電廠每年發電所需的大量天然氣，中油必須向國外澳洲、印尼、卡達等液化天然氣出口國簽定二十年以上take or pay的購氣長約。為何國際液化天然氣合約都有take or pay條款？原因在於天然氣開採，液化設施及港口的投資均為天文數字。天然氣礦業主是在「確保」有買方並簽約二十年以上長約後才開始投資建設。

以台灣而言，中油向國外承諾take or pay的國際購氣合約，燃料屬已支出之沉沒成本（sunk-cost），如果不用來發電，無處可去，白白浪費。台電與民營電廠簽約，民營電廠與中油簽約，中油與國外天然氣出口商簽約，基本上一環扣一環。尤其購氣合約都有take or pay條款，都已綁死，台電向民營電廠購電並無多少彈性，也無任何「弊端」。

到餐廳吃飯只付食材錢

新聞報導曾指出，能源局在調處台電與民營電業（IPP）[3]合約爭議時建議：未來當台電增加調度發電而向民營業者購較多電時，業者只能用燃料成本來賣。業者不但要放棄利潤，還要自付設備運轉及維修與折舊費用。媒體的比喻很妙：就像坐計程車只付油錢。

作者也有另一個比喻：就像到餐廳吃飯只付食材成本。

這一類的建議必然騰笑國際，台灣政府是怎麼了？怎麼完全亂了套？

個人常以飯、麵、牛排來比喻核能、燃煤、燃氣發電。核能、燃煤發電成本十分低廉，有如家庭主食應該以價格低廉的飯、麵為主，而不應以價格高昂的牛排為主食。一國的電力結構也是一樣，應以價廉的核能、燃煤為主，發電成本極為昂貴的燃氣發電最好只在尖峰用電時少量使用。

但因為我國今日電力結構出了大問題，核能、燃煤機組所佔比例太低，只好動用極為昂貴的燃氣發電提供基載用電，有如家庭伙食中捨飯、麵而以牛排為主食。我國今日能源政策，不思改進電力結構，

---

[3] Independent Power Producer.

加緊核能、燃煤電廠建設，反而在降核、減碳的政策下大力加速燃氣電廠的興建，有如在家庭中減少飯、麵的消耗而增加食用牛排。

民營電廠以燃氣電廠居多，成本自然較為昂貴，今日政府不思增加飯、麵為主食以降低家庭伙食支出，在錯誤政策增加牛排消耗同時，只懂得到牛排店殺價，還提出店家只能收取「牛排」的食材價格，在售價中不准含店租、人事、水電費用等，這種作法實令人匪夷所思。

3%的國際笑話

與民營業者談判的笑話不僅只付燃料成本這一樁，前不久也有人提議民營電廠資產報酬率高於3%的部分即應與台電六四分。

國際上有規定民營電業的資產報酬率不能高於3%嗎？

資產報酬率與股東權益報酬率不同，其間的關係要看公司的財務槓桿，也就是自有資金和貸款的比例。只要建廠不是完全使用自有資金，股東權益報酬率是高於資產報酬率的。但還是回到一句老話：國際上有規定資產報酬率不能高於3%嗎？

目前民營電廠絕大部分都有外資，如果國外公司在決定來台投資民營電廠的原始財務規劃中，資產報酬率高於3%（極為可能）。也認定台灣是個法治國家，合約的信賴保護原則會受確保，國外公司才決定投資。今日政府的「3%」要求豈不完全推翻國外公司初始的財務規劃？也嚴重傷害台灣在國際上的聲譽，豈不是會使國外公司懷疑當初來台投資的決定是否錯誤。

目前台灣在國際招商，已因與民營電廠談判的荒腔走板，受到國外廠商的嚴厲質疑，嚴重影響國外廠商的投資意願，重挫政府的海外招商大計。台灣去年經濟成長低於2%，國外投資減少也是一個不可

忽視的因素。因區區民營電廠購電價格賠上台灣「法治」的聲譽，使國外投資卻步，豈不是因小失大？

今日這許多失序的舉動都是因為「電價上漲」引起民怨，急於找代罪羔羊的後果。今日電價上漲的真正原因在於電力結構失衡，但在政府「減碳降核」的政策下，這種失衡只會益形惡化，這也正是政府今日不敢明言電價上漲真正原因的主要因素。

與民營電廠修約，每年可省十億元。但錯誤的減碳政策使今年發電成本暴增五百億元。不思修正錯誤政策省大錢，只專注於壓迫民營電廠省小錢，正是作者一再指出捨本逐末，吃芝麻掉燒餅的最好例證。台灣民眾要何時才會了解錯誤的能源政策帶給國家人民的重大災難？

監察委員搞錯方向

在電價風波、向民間購電等議題逐漸發酵時，監委諸公彈劾台電前董事長、總經理等，原因是未與民營電廠「重新議約」。好像今日電價調漲與「未重新議約」大有關係？

電價調漲，依目前輿論，似乎台電向民營電廠高價購電是主要原因。但我們已仔細分析發現向民營電廠購電價格高於台電售電價格者一律是燃氣電廠，燃氣電廠發電成本以燃料成本佔最大宗，建廠成本（固定成本）約佔發電成本10%。台電與民營電廠簽約，燃料價格依國際氣價調整。今日監委諸公認為可重新議約部分主要是建廠成本部分，就算台電重新議約，將此一部分砍了20%，但如前述，建廠成本只佔發電成本10%，重新議約對購電成本只省了2%。假設台電目前向民營燃氣電廠每度電4元購買，重新議約每度電只少了0.08元。

電費調漲最主要的原因是我國基載電廠（核能、燃煤）極端不

足，只好大量使用極為昂貴的燃氣電廠發電。以過去5年燃煤每度發電成本1.42元，燃氣3.2元計算，每度電差價是1.78元。與上述的「重新議約」每度電省0.08元相較，馬上可以看出我國電費漲價的真正原因是因基載電廠不足，是因為反核反煤之故。僅以過去數年反對燃煤電廠即導致今日電費成本每年增加約500億元，與報載五年來因未議約造成60億元損失相較（每年12億元），電價上漲的真正原因並不是台電未與民營電廠重新議約之故。

監察委員又指出行政院已於九十四年將電力備用容量率由二十％，調降為十六％，在國內用電需求無虞下，前能源局葉局長於九十五年時，仍核准星元電力公司申設電廠，增加台電購電支出，明顯未盡維護政府權益之責。

依葉局長表示，備用容量率是94年10月調降，但星元電廠是94年3月提出申請，94年4月經濟部審核通過，政府本來就要遵守「信賴利益保護」，況且在程序上也經過法務部門認可，還經由經濟部報行政院核定，程序也沒有問題。個人手頭並無資料判斷葉局長聲明是否完全正確，但此事可由另一個角度來討論。

這次監察院大張旗鼓調查台電，起因在於電費調漲。監委調查目的在查明台電營運上是否有弊端或怠忽職守，因而導致電費漲價。星元電力為燃氣電廠，台電向其購電價格自然十分高昂。監委諸公以核准星元電廠彈劾台電／能源局等，似乎認為若不核准該電廠興建，台電售電成本必可大幅降低。

事實是否如此？

台電主要的發電方式不外乎核能，燃煤，燃氣，如果星元電廠未建，台電能以本身發電成本低廉的核能或燃煤電廠取代，絕對可省下

可觀成本。但如本篇一再強調，台灣電力系統最主要的問題是可提供廉價電力的基載電廠（核能，燃煤）極端不足。目前台電本身可提供低廉電價的核能及燃煤電廠每年容量因數[4]都在90%及85%左右（年度大修時必須停機），表示基載電廠早已滿載發電，設若無星元電廠，台電也必須動用本身昂貴的的燃氣電廠發電以滿足供電需求。

　　換句話說，是否批准星元電廠與電費漲價毫無關係。

---

[4]　容量因數：電廠一年中可全力運轉小時數佔全年小時數的比率。

第三章　備用容量

每日負載與每年用電

討論備用容量前，我們先由每日負載及每年用電談起。

圖3-1為2011年8月18日（當年最高負載日）24小時電力負載曲線。

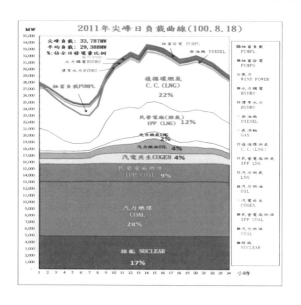

圖3-1　電力系統之尖、離峰負載[1]

---

[1]　彩圖頁為P.243。

由圖可明顯看出全日電力負載每小時不同。深夜到清晨時段用電最少，上午七點後電力負載一路成長，下午二點左右因冷氣用電達高峰所以電力負載最高，到傍晚電力負載又下降。

電力的調節，過往使用抽蓄電廠，但目前此一功能已喪失，原因是基載發電量不足，這個部份將在第九章詳細說明。

由圖3-1可明顯看出我國基載電力極為不足的事實。以2011年為例，核能發電每度0.69元，燃煤發電每度1.68元。如果兩者裝置容量夠多，配合抽蓄電廠，則核能電廠及燃煤電廠當日可在25000MW（2500萬瓩）範圍內不停開機連續運轉。但因核能總裝置容量只有514萬瓩，燃煤只有1190萬瓩，即使兩者全部開機也只能提供1700萬瓩的電力。萬般無奈之下，只好動用每度發電成本為3.2元的燃氣機組充當基載機組使用。電力結構出了大問題，是我國電費大漲的主因之一。

圖3-1顯示2011年全年最高尖峰負載為33787MW，當年全國電力裝置容量為41400MW，兩者相減得出之7613MW即為備用容量。2011年備用容量率則為備用容量除以尖峰負載而為22.5%。

在電視辯論時，反核人士指出台電以夏日最高用電負載來考量備用容量是極大浪費，因為冬天尖峰負載低得多，乍聽之下也很有道理。但台電備用容量考量與全世界各電力公司完全相同，各公司都是以一年中最高負載日來考量備用容量，以避免在用電高峰時缺電，這是很淺顯的道理，沒想到也成了台電經營不善的例證。

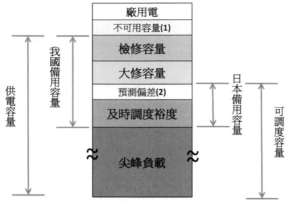

(1) 不可用容量包括機組老化，氣溫等影響減少之出力及間歇性再生能源減少之出力。

(2) 預測偏差包括景氣、氣溫造成的用電需求增加、機組商轉時程延後、枯水減載等。

圖3-2　備用容量率

表3-1　備用容量率之目標值

國別	備用容量率目標
新加坡	30%
英國	20%
韓國	15-17%
美國	15%
台灣	15%
日本	8-10%

各國備用容量率定義(除日本外)：　供電容量－尖峰負載
　　　　　　　　　　　　　　　　　　　尖峰負載

日本備用容量率定義：　可調度容量－尖峰負載
　　　　　　　　　　　　　　尖峰負載

圖3-2為解釋備用容量之圖表，表3-1為各國備用容量率目標值及備用容量率之定義（日本與其他國家不同）。

　　基本上我國與大多數國家備用容量定義相同，就是在夏日（或冬日）尖峰用電時，供電容量與尖峰負載的差額。備用容量率為該差額除以尖峰負載。日本則由供電容量中，將檢修及大修機組剔除，得到可調度容量，以此為基準計算備用容量。因缺電所造成的經濟損失遠大於為避免缺電而造成過度投資的損失，所以各國都有備用容量的目標值。

　　表3-1為各國備用容量率目標值，其中以新加坡30%最高，我國與美國為15%最低，日本如以與其他國家相同定義計算後約為40%。

　　一般而言電力系統小，則備用容量率之目標值高，系統大則低，這是有其道理的，因為在小系統中，單一機組所佔比重較大，當其大修或故障時對系統影響較大，所以小系統的備用容量率都較大，新加坡即為一例。

　　美國電力系統遠大於我國，備用容量率目標值與我國相同，同為15%。英、韓電力系統都大於我國，但其備用容量率目標反而都較我國為高。由以上述數據反應我國備用容量目標值恐不夠保守，與其他國家相較，發生缺電的機率較大。

　　圖3-3[2]為2011年全年每月發購電統計圖，請注意圖3-1單位為裝置容量（百萬瓦，MW），而圖3-3之單位為發電度數。

---

[2]　台灣電力公司，台電月刊，101年2月。

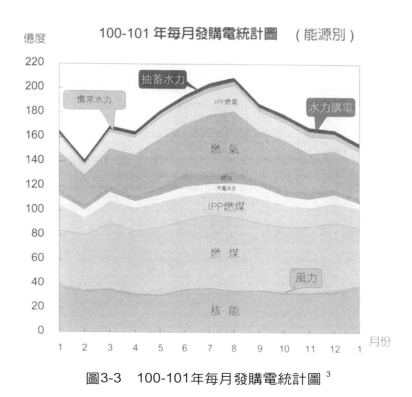

圖3-3　100-101年每月發購電統計圖 [3]

　　圖3-3顯示我國冬季用電少，夏季用電多，這是因為我國地處亞熱帶，夏日冷氣用電需求高的緣故。

　　冬日尖峰用電低，似乎可用核能、燃煤提供全部電力，為何仍需動用大量燃氣發電？

　　原因在於我國電廠的歲修都避開夏日尖峰，而在其他三季排班歲修，所以表面上看起來核能、燃煤機組在冬日應可提供較大比例電力，但因歲修關係，即使在冬天也要動用大量燃氣機組。

---

[3]　彩圖頁為P.244。

2011年我國燃氣機組共發電600億度，若我國基載機組裝置容量合理，約350億度可用燃煤或核能機組取代。若以燃煤機組取代，發電成本至少可省500億元。若以核能機組取代，發電成本更可省1000億元（詳第五章）。這正是為何核四不能廢，核一至核三應予延役及應加速燃煤機組建設的最主要原因。

備用容量太多了嗎？

近日「備用容量」一詞屢屢躍上報紙頭版，但報刊評論少有切中要點。例如曾有「備載率過高，經部還要開放民營電廠」一則報導。表示「備載容量在民進黨執政時代確實都維持在16%上下，2008年國民黨接掌政權，立刻跳升到21.1%，隔年更高達28.1%，去年是20.6%，難怪台電的虧損年年擴大，這都是政策不知變通的結果。」[4]

電力建設的特性就是建廠的時間極為漫長，台電建廠時程由規畫、環評、政府核准、招標、建廠、試運轉到完工商轉，燃氣電廠要八年，燃煤電廠要十年，核能電廠更要十年以上。所以今日完工的電廠都是十年前就規劃的，而今日規畫的電廠也要十年以後才會完工。過去台灣尖峰需求成長正常情形每年在3%～4%左右，所以台電就要規劃每年新增機組提供的尖峰供電成長也要達到這個數字。

2007年台電系統備用容量為16.2%，2008年發生金融海風暴，當年尖峰電力需求重挫4.5%，所以2008備用容量就接近21%。2009年經濟尚未恢復，尖峰需求連續第二年負成長（-1%），但當年大潭電廠

---

[4]　自由時報101年4月18日。

及民營星元電廠正好完工，系統供電能力增加了5%，一來一往使得備用容量在2009年高達28.1%（詳圖3-4）。

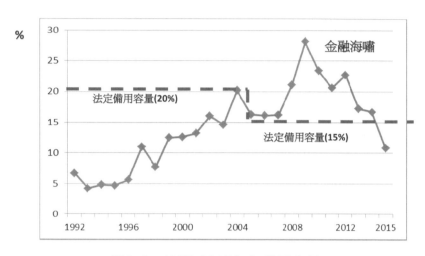

圖3-4　1992-2015每年備用容量

當年完工的大潭機組也是在十年前就已規畫進行的計畫。備用容量是無法短期「變通」而隨當年尖峰負載而調整起舞的。2010因天然氣供應增壓，所以大潭電廠供電能力小有增加。當年尖峰負載在衰退兩年後一舉成長6.5%，使2010年備用容量驟降為23.4%。2011年尖峰負載成長2.3%，但無新電廠完工，所以備用容量降為20.6%，去年經濟不振，尖峰用電負成長，備用容量又升為22.7%。

我國今日電力建設的危機是現今的三年內，除核四1號機外沒有一個機組可以完工。如果電力仍年年成長3%-4%，則2015備用容量將低於備用容量目標值，這也就是為何經濟部急於開放民營電廠，希望填補此一缺口。

限電次數與備用容量

　　許多反核人士一再堅持我國備用容量太高，所以核四不必運轉也不會影響我國的供電穩定。但數字會說話，圖3-5即為過去24年（民國78年到101年）間我國備用容量率（曲線，左邊座標）與限電次數（柱狀圖，右邊座標）之間的關係。

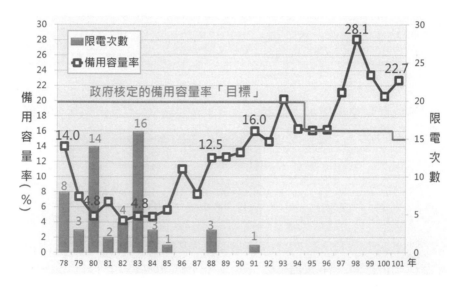

圖3-5　限電次數與備用容量率

　　由圖可見備用容量率與限電次數有明顯的直接關聯。民國80年代初（1990年代初）因備用容量率不足，年年限電。備用容量率低於15%都有可能限電，這就是為何我國政府核定備用容量率目標值為15%的原因。

　　下篇文章為25年舊作《核能發電－理性的探討》一書中〈缺電代

價君知否？〉的短文，討論了缺電代價三十倍於發電成本，提供大家
參考。

××××××××××××××××××××××××××××××××××

電源的開發是一項必須兼具前瞻性與整體性的縝密工作。

基於長期電力成長預估的可能誤差，電力開發的原則：充份優良
準確。基於整體能源分配組合的可觀效益，能源運用的原則：未來先
於目前。

因此電源的開發，寧可電力為供應充份而一時略有過剩，寧可
電廠因未雨綢繆而短暫閒置，但絕不可寅吃卯糧、臨渴掘井，這已是
世界諸先進國家珍攝電力以善保自身經濟的基本共識。因為各國都明
白，電力不足所付出的代價將遠超過事先的電力投資，此一損失不僅
支付不起，而且短期間難以彌補。

尤其我國，正值大步擠進開發國家之際，缺電的後果貽害尤大。
根據76年中華經濟研究院的研究結果顯示，每缺一度電，我國製造業
平均缺電成本為35.39元。若依76年每度電平均發電成本1.22元計算，
我國缺一度電所造成各種產業的損失，平均相當於30倍每一度電的發
電成本。面對如此昂貴的代價，誠非我們目前不甚結實的產業結構所
能輕易冒險承擔的。詳圖3-6：

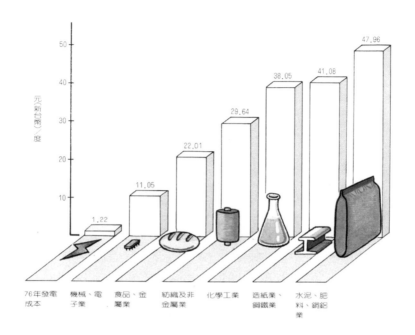

圖3-6　我國各產業缺電成本（民國76年）

淺談備轉容量

圖3-7為經濟部今年四月發布的「核能議題問答題」中針對核四商轉或不商轉，台灣電力系統備用容量率的比較。

經濟部表示，備用容量率低於10%就可能有缺電風險，若低於7.4%則限電無可避免。此一陳述遭到反核團體的無情批評。表面上看起來既然備用容量率還有10%，為何還可能缺電？7.4%為何限電無可避免？

本文要介紹一個新名詞「備轉容量」。請注意這與大家常見的「備用容量」只有一字之差，但意義不同。備用容量與備轉容量都是裝置容量減去尖峰負載，但兩者裝置容量的定義不同。在計算備用容

量時，其裝置容量是淨尖峰供電能力＝裝置容量－廠用電。每年備用容量就是當年裝置容量減去當年最高尖峰負載。

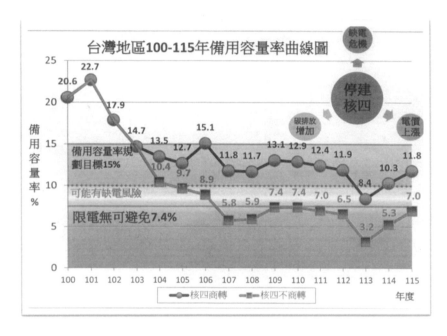

圖3-7　台灣地區100-115年備用容量率曲線圖[5]

　　每年備用容量率（％）則為備用容量除以當年最高尖峰負載。備用容量及備用容量率，每年都只有一個值，就是以當年最高尖峰負載日計算。

　　但在計算每天備轉容量時，裝置容量除了減去廠用電外，還要把當天故障、大修、檢修及因各種因素降載（如環保法規）的發電機組

5　彩圖頁為P.244。

產量扣除，因為以每日而言，這些數字都「已知」。計算備轉容量之裝置容量每天都不同，備轉容量即為將每日依此定義之裝置容量減去當日尖峰負載而得。備轉容量率即為當日備轉容量除以當日尖峰負載而得。

如前述，備用容量及備用容量率每年都只有一個值，備轉容量及備轉容量率則每天都有一個不同值。

圖3-8即為台電去年（2012）每天的備轉容量率。

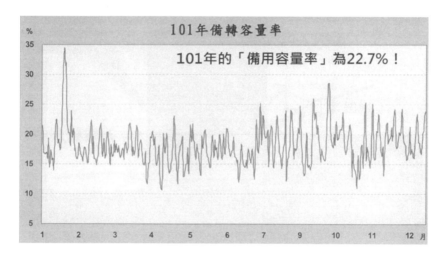

圖3-8　台灣地區101年備轉容量率

2012年台電全年的備用容量率為22.7%，但每日的備轉容量率有好幾天都接近10%，低於15%的日子極多。如果備用容量率由22.7%降為圖3-7的7.4%－少了15.3%，參照上圖的每日備轉容量率（當年備用容量率為22.7%），限電何可避免？經濟部對核四不商轉會導致限電無可避免的陳述，並非沒有根據，無的放矢。

第二篇
核電政策

第四章　核電解謎

台灣會不會變成下一個車諾比？

　　全球發過三次核災，不過仔細檢討，美國三浬島事件實應歸類於「成功」案例。因為爐心雖然融毀，但因工程師設計的「深層防禦」奏效，所以對外界環境沒有造成任何影響。人們真正害怕的核災只有車諾比及福島兩者。

××××××××××××××××××××××××××××××××

　　車諾比事件是三次核安事件中最嚴重的一次。日本福島事件對距離250公里的東京都無太大影響。車諾比事件影響不只烏克蘭，並殃及鄰國，類似車諾比事件的核災是否會在台灣發生，是許多人所關心的。

　　車諾比核電廠與台灣這種西方核電廠有非常大的差異。

　　首先，台灣核電廠只有一個目的──發電。蘇聯的車諾比核電廠有雙重目的，車諾比核電廠反應器的設計不但要發電，還要製造核子武器原料──鈽。

　　台灣核電廠的核燃料棒全部密封於核反應器內，核反應器內的燃料束每次更換可發電一年半才需再次更換。在一年半的發電過程中，

燃料棒都密封於核反應器內。當更換燃料束時,發電廠停止發電,將反應器打開更換燃料束。

車諾比的反應器設計完全不同。因為車諾比式的反應器除發電外,還有製造鈽供核子武器使用的重大任務。而燃料棒中鈾轉換為鈽之後要盡快取出,所以車諾比的燃料棒是設計為電廠在發電時也可經常抽換,無法密封於反應器內。所以車諾比核電廠沒有如台灣核電廠的「封閉式」核反應器。台灣核反應器鋼板厚20公分,是「深度防禦」極為重要的一環。三浬島事件爐心融毀,但融毀後的核燃料仍封閉於反應器的底部。

車諾比電廠不但沒有密封的反應器,也沒有台灣核電廠的「圍阻體」。西方反應器之外都會建造一個堅固無比的圍阻體,圍阻體本身是厚達1.2公尺的鋼筋混凝土結構,其內還襯以鋼板,防止萬一發生爐心損毀時,如果鋼板厚達20公分的核反應器仍無法「防堵」核燃料外洩,則仍有圍阻體將放射性物質阻絕於圍阻體內不至擴散到外界環境。

圖4-1即為核反應器及圍阻體之示意圖。

但加建圍阻體成本極高,車諾比電廠並沒有圍阻體,而只是一個一般強度的廠房,完全無法阻擋事故後大量輻射物質的外洩。事後檢討,如果車諾比有完整的圍阻體,事件的後果可能完全改觀,不至於造成不可彌補的重大災難。

我國的核電廠採用西方設計,一方面有封閉式核反應器(鋼板厚達20公分),在反應器外更有無比堅固的圍阻體,即使發生爐心融毀事故(機率極低),也不至於造成車諾比式的事故。

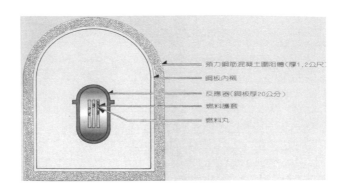

圖4-1　核反應器及圍阻體

台灣可不可能成為下一個福島？

　　福島核災最主要的原因是在日本外海發生規模9大地震所引發了14公尺高的海嘯。福島電廠有兩個廠區：福島一廠（6部機）及福島二廠（4部機）。兩個廠區距離10公里，規模9地震在兩個廠區都造成了極大的地表加速度，但福島一廠發生核災，福島二廠則無恙。主要原因在於福島一廠與福島二廠的緊急電源（柴油發電機）置於廠內不同位置，一廠之緊急電源受海嘯侵襲受損無法發揮功能。二廠緊急電源未受損，及時發揮功能供水冷卻反應爐，所以二廠的機組都未發生核災。

　　我們可分兩個因素來檢視相同核災是否會在台灣發生。先檢視地震，再檢視海嘯。

　　許多人以為台灣和日本都有地震，所以在福島因地震造成的核災也有可能在台灣發生，完全不然。

　　全球許多地方都有地震，各地可能發生的最大地震規模並不相同。地震的大小和斷層的長短有絕對關係，斷層長的地區，就可能發

生大地震。斷層短的地區,地震規模就有限。以311日本地震而言,其斷層長達500公里,所以發生了規模9的大地震。台灣最長斷層約為100公里,921地震是台灣島內百年來發生的最大地震,地震規模為7.6。地震規模差一級能量差32倍,日本311地震釋放的能量是台灣921地震的126倍,造成極大災害。台灣因斷層短,基本上是不可能發生如日本311般規模9大地震的。

核電與核災

媒體上有這一段話:「這讓我開始思考核四廠的問題,因為如果核四真的發生意外,以台灣的地狹人稠,極可能是「中北台灣消失」,甚至是「全台灣消失」,這是我們能夠接受的嗎?」

我不能想像核四的災難一旦發生,極可能台中以北及東台灣都在輻射範圍內,這區域擁有一半以上的台灣人口,又是政經中心,整個台灣將陷入癱瘓。大多數人都變成核災難民,我們要永生與核災共處。這就是「台灣消失」的災難。」[1]

太多人反核是因為不了解核能,總是害怕核災會在台灣發生,依許多媒體描繪好像核災必然會在台灣發生,還詳細描繪了「台灣消失」的遠景。

我們可以仔細分析一下世界上發生過的三次「核災」。首先是車諾比,主要原因是車諾比反應爐除了發電外還肩負著製造核彈原料---鈽的重責大任。該核電廠的設計與台灣這類西方式的核電廠設計完全不同。台灣核電廠有鋼板厚達20公分的反應爐,外面還有以鋼板為

---

[1]　商業週刊1306期,101年12月3日。

內襯厚達1.2米的鋼筋混凝上圍阻體。這兩個深層防禦中最重要的設計，並不存在於蘇聯的車諾比核電廠。

而西方式核電廠發生過兩次核災，一次是三浬島，一次是福島。三浬島應歸類於成功案例，因為深層防禦設計奏效。即使原子爐內核燃料融毀，機組報廢，但對外界並沒造成任何影響。三浬島二號機停止運作，但三浬島一號機繼續發電，附近居民也照常安居樂業。

西方式核電機組，合計運轉過過一萬年，唯一發生對環境造成災難的核災就是福島核災。我們也應仔細分析該核災，但如前所述，福島式核災不可能在台灣發生。日本311地震的能量是台灣921地震的100倍以上，921已是百年來對台灣造成最嚴重災難的地震。

實際上地震並未摧毀福島電廠，許多人可能不知道311日本地震造成最大震度（地表加速度）的核電廠不是福島核電廠而是女川核電廠，兩者與外海斷層最短距離相同，均為46公里，地震在福島核電廠造成的地震加速度為550gal[2]，在女川核電廠造成地表加速度為607gal，但女川核電廠之高程[3]為14.5m，避免了高達13m海嘯的侵襲，所以核電廠安全無恙。福島核電廠高程為10m，低於14m海嘯高度所以釀成核災。

由以上例子可知地震並沒有摧毀福島核電廠而是海嘯毀了福島電廠，所以我們的關注應由地震移到海嘯。

---

[2]　gal，加速度單位。（1 cm/sec[2]）
[3]　電廠地表高度與海平面相較。

地震ABC

先讓我們進行容易理解的地震初級課程。

福島核災真是嚇壞了台灣民眾。尤其台灣與日本同處環太平洋地震帶,日本發生了規模9地震造成海嘯及核災的慘劇是否會在台灣發生?

全球許多地方都有地震,各地可能發生的最大地震規模並不相同。地震的大小和斷層的長短有絕對關係,斷層長的地區,就可能發生大地震。斷層短的地區,地震規模就有限。

引發311地震的日本外海斷層長約500公里,台灣斷層最長不過100公里,日本311地震規模9,台灣921地震規模7.6,前者釋放能量為後者之126倍。(本文所指之地震規模係指地震矩規模)但很多人還是擔心雖然不會發生規模9的地震,說不定會發生規模8的地震。規模8和規模9聽起來相去不遠,說不定也會造成核災。

快!搶答題:規模8地震所釋放的能量較接近規模1地震之能量還是規模9地震的能量?

地震規模(Moment of Magnitude Scale)之定義為:

$$M_W = \frac{2}{3} \log_{10} M_0 - 6.0$$

M_0為地震矩,是地震所釋放出能量的數量(單位為牛頓・公尺)

兩個不同規模地震之能量比為：

$$f_{\Delta E} = 10^{\frac{3}{2}(m1-m2)}$$

地震規模相差1能量比為$10^{1.5}=32$
地震規模相差2能量比為$10^{3}=1000$

日本311地震規模為9，台灣921地震規模為7.6，兩者能量比為：

$$10^{\frac{3}{2}(9-7.6)} = 10^{\frac{3}{2}(1.4)} = 10^{2.1} = 126$$

規模7地震的能量為$10^{19.5}$牛頓・公尺。茲定義此能量為1單位。

圖4-2將規模7的地震釋放能量定義為1單位，則規模8的地震能量約32單位，規模9地震能量為1000單位，規模7.6地震（台灣921地震）之能量為8單位。

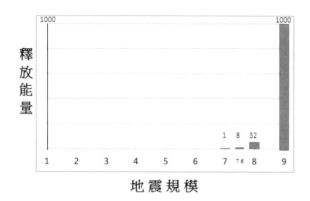

圖4-2　地震規模與能量

由圖可見若定義規模7地震釋放能量為1單位，則其與規模1地震的能量差為1單位，與規模9地震的能量差為999單位，兩相比較，規模7地震釋放能量較接近規模1地震所釋放的能量，但遠小於規模9地震所釋放的能量。

不錯！本文搶答題答案是規模8地震所釋放的能量較接近規模1地震所釋放能量。兩者差為32單位，與規模9地震之能量差為968單位。所以很多人以為規模8地震能量較接近規模9地震但遠大於規模1地震完全是誤解，不知地震能量是以對數來表示。

美國德州很少有地震，日本及加州因地震斷層長都有可能發生規模為9的大地震。台灣921規模7.6的地震其實與美國德州發生規模1的小地震釋放的能量較為接近但與日本或加州規模9地震所釋放的能量卻有天壤之別。

日本311地震外海地殼錯動面積為500公里×200公里＝100,000平方公里，約為台灣面積的2.7倍。台灣921地震地殼錯動面積為87公里×23公里＝2,001平方公里，約為台灣面積的5.5%，兩者地殼錯動面積比為約50:1（詳圖4-3）。

日本外海地殼錯動約100,000平方公里，才造成了福島地區14公尺高的海嘯，台灣即使外海發生規模8的地震引起的海嘯也遠低於日本311地震的海嘯。

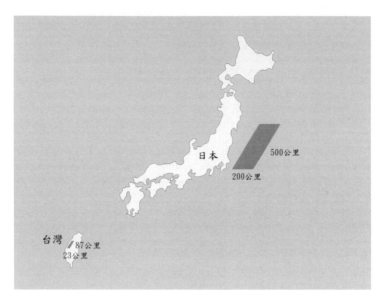

圖4-3　地殼錯動面積（311 vs. 921）[4]

天災不能預測嗎？

　　台灣過去雖未發生規模9地震及14米海嘯，不表示未來不會發生，因為大自然災害無法預測！聽起來很有道理，誰能預測大自然何時發威，造成何種災難？

　　但天災真的不能預測嗎？未必。大家都敢預言台北不會發生暴風雪，莫斯科不會發生颱風，紐約市更不會被火山灰給埋沒（最近的活火山在2000公里外）。暴風雪、颱風、火山爆發不都是天災嗎？為什麼我們能很肯定的認為世界上某些地區會發生某一類天災而另一些地區不會發生呢？

---

[4]　彩圖頁為P.245。

發生天災可是要有一定條件的，如果地理條件不符合，我們可以斷言某些天災是不會在某些地區發生的。不論是氣候天災（暴風雪、颱風）或地質天災（火山、地震）都是如此。

　　圖4-4為經濟部中央地質調查所發布之台灣活動斷層分布圖（2010年）。

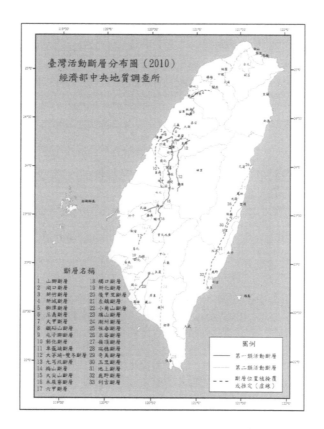

圖4-4　台灣活動斷層分佈圖[5]

---

[5]　彩圖頁為P.245。

圖中列了33個斷層，由圖可看出台灣長斷層都分布在東岸的花東及西岸的台中到嘉南一帶，當初台灣四個核電廠選在南北兩端，就是要避開長斷層。

台灣地質調查有上百年歷史，百年來地質學家走遍台灣，地震學家近年又用最先進的設備把全台超過10公里的斷層都找了出來。台灣最長的斷層不過100公里，921車籠埔斷層錯動引發的地震規模為7.6。

台灣不會發生規模9地震，其實是和台北不會有暴風雪，莫斯科不會有颱風，紐約市不會為火山灰所埋沒一樣是鐵一般的科學事實。以為台灣發生規模7.6地震就可能發生規模9地震，就如同陽明山飄了幾片雪花就誤以為台北可能發生暴風雪一般。

誤以為大自然災害無法預測而反核的人士，大可放100個心。

海嘯與核能電廠

單單地震是不會造成福島核災的，臨近福島的女川核電廠在311大地震發生時，其地表加速度猶大於福島核電廠，但因女川電廠廠房高程高於海嘯高度，所以並未釀成核災。

首先要說明的是：日本外海海溝走向與日本本島平行，所以海嘯前進方向直接襲擊日本本島。但位於台灣北部外海的琉球海溝走向與台灣本島垂直，避免了海嘯的直接襲擊，位於台灣南方的馬尼拉海溝也只有小部份和台灣平行，海嘯溯上高度也有限。（詳圖4-5、4-6）[6]

---

[6] 經濟部核能議題問答題，102年4月。

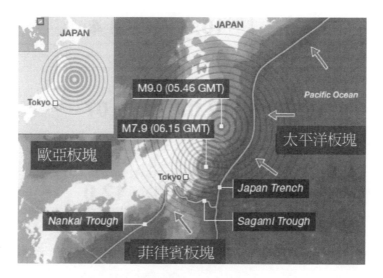

圖4-5　海嘯與斷層方向（日本）

圖4-6　海嘯與斷層方向（台灣）

其次，台灣東部外海地形也與日本迥然不同。日本外海地形平緩，容易造成嚴重海嘯。而台灣東部外海地形陡降，海嘯溯上不易。1960年智利發生了規模9.5的大地震，造成嚴重海嘯，由太平洋東岸直擊太平洋西岸，在日本造成了6.4公尺高的海嘯，但在台灣只造成了1.1公尺高的湧浪，詳圖4-7。

圖4-7　智利海嘯對台灣／日本影響

在福島核災後，政府就再度檢視現有核電廠（核一廠到核三廠）及核四廠之設計準則在海嘯來襲時是否仍能確保電廠安全無虞。

圖4-8為國科會針對西太平洋可能發生海嘯的22個地點之地圖。

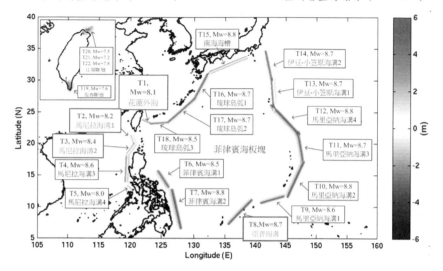

圖4-8　國科會海嘯源參數制訂

　　22個海嘯中有18種是海溝型海嘯（T1～T18），另外4種是斷層型海嘯（T19～T22），22種海嘯會造成最大地震規模也標示於圖中。

　　表4-1為22種模擬海嘯在各核電廠造成的海嘯溯上高度。

表4-1　22種模擬海嘯源之地震規模與影響各核電廠之最大溯上高度

海嘯源編號	名稱	地震規模（Mw）	核一廠 最大溯上高(m)	核二廠 最大溯上高(m)	核三廠 最大溯上高(m)	龍門廠 最大溯上高(m)
T1	（花蓮外海）	8.1	1.4	1.7	2.4	2.5
T2	（馬尼拉海溝1）	8.2	0.8	0.7	10.0	1.1
T3	（馬尼拉海溝2）	8.4	0.6	0.7	9.5	0.7
T4	（馬尼拉海溝3）	8.6	0.3	0.6	5.0	0.5
T5	（馬尼拉海溝4）	8.0	0.0	0.1	0.6	0.1
T6	（菲律賓海溝1）	8.5	0.8	1.1	1.5	1.1
T7	（菲律賓海溝2）	8.8	0.7	0.7	1.2	0.9
T8	（亞普海溝）	8.7	2.6	2.5	6.4	3.4
T9	（馬里亞那海溝1）	8.6	0.8	0.8	1.6	0.9
T10	（馬里亞那海溝2）	8.8	1.2	1.2	2.0	1.5
T11	（馬里亞那海溝3）	8.7	0.7	1.1	2.0	1.2
T12	（馬里亞那海溝4）	8.8	0.8	0.8	2.8	1.4
T13	（伊豆·小笠原海溝1）	8.7	0.7	0.7	1.5	0.8
T14	（伊豆·小笠原海溝2）	8.7	0.6	0.7	1.4	0.8
T15	（南海海槽）	8.8	0.3	0.2	0.7	0.3
T16	（琉球島弧1）	8.7	0.3	0.3	0.6	0.3
T17	（琉球島弧2）	8.7	1.2	1.2	1.3	1.5
T18	（琉球島弧3）	8.5	2.8	2.3	2.5	3.3
T19	（恆春斷層）	7.6	0.3	0.3	2.7	0.3
T20	（山腳斷層1）	7.5	1.7	1.4	0.0	0.5
T21	（山腳斷層2）	7.2	1.7		0.0	1.6
T22	（山腳斷層1+2）	7.8	1.7	1.4	0.0	1.2

註：節大溯上高度是指海嘯溯陸地表最高淹過高程。地表淹起，規模越大，溯上高越大，同表格較深，方色為模擬溯上高（與大溯上，與一起磁，達分列核溯上度區大溯上圖產影，近高磁性一剎溯磁度
有。來：2011，5海研，更手相紅乃下列書海溯達地表高度37.9m，平均海磁溯達三百公乃時消磁。/10m，讀者判斷：2011/4/4。

位於台灣北部的核一最高海嘯溯上高度由琉球島弧3（假設發生規模8.5地震）所造成。核二、核四廠最高海嘯溯上都是由2000公里外的亞普海溝（假設發生規模8.7地震）所造成。海溝地震在核一、核二、核四造成的最大溯上高程分別為2.8米、2.5米及3.4米。位於台灣南部的核三廠最高海嘯溯上為10米，由馬尼拉海溝1（假設發生規模8.2地震）所造成。

表4-2標示四個核電廠海嘯模擬的結果與電廠高程的比較，顯示各核電廠防海嘯設計高程皆有足夠的安全餘裕。

表4-2　電廠海嘯安全餘裕

廠別	核一廠	核二廠	核三廠	龍門廠
國科會模擬結果	2.8	2.5	10.0	3.4
廠房高程	11.2	12.0	15.0	12.0

單位：公尺

核四廠防海嘯七道防線

　　福島核災是因海嘯而非地震所造成，海嘯造成核災的主要原因在於福島電廠高程不到10米，遠低於海嘯高度14米，所以海嘯摧毀了所有電源及緊急冷卻水系統，爐心無法降溫終釀核災。

　　核四廠設計遠較福島為優，不但廠址高程12米遠高於海嘯模擬高度，各種緊急冷卻系統設計高程及電源更高於廠址高程。在福島核災後更增加了海嘯牆及氣冷式氣渦輪機等設施，為了對抗海嘯，核四廠有七層深度防線。詳圖4-9[7]。

7　同P.60註。

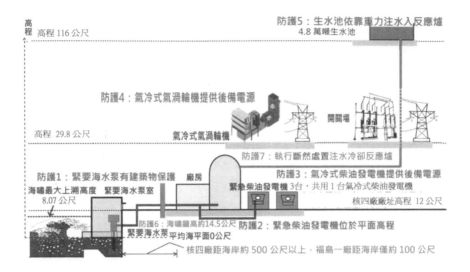

圖4-9　核四抗海嘯七道防線 [8]

以下對七道防線略作解說：

1、緊急抽水機置於水密之建築物內，不懼海嘯。

2、緊急柴油發電機高程與廠址同高，高於最高可能海嘯高度，
　　可提供緊急電源（福島緊急柴油發電機置於地下層，海嘯來
　　時迅遭淹沒）。

3、加裝氣冷式柴油發電機，以防水冷式柴油發電機無法運作。

4、在高程29.8米處增設氣冷式氣渦輪發電機提供後備電源，即使
　　在高程12米的緊急柴油發電機失去功能仍能提供後備電源。

5、4.8萬噸的生水池置於高程116米處，即使全廠全黑無電，抽
　　水機無法運作，仍可利用重力將冷卻水注入反應爐。

6、增建海嘯牆：核四高程為12米，茲以福島海嘯上溯14米為基準，增建高度為2.5米的海嘯牆（總高程較海平面高14.5米），以防海嘯。

7、執行「斷然處置」措施，寧可放棄核電廠，也不讓任何核災波及廠外。針對此點下段將進一步解說。

由表4-3可明顯看出我國核四廠的抗海嘯七道防線，均為日本福島電廠所無。

表4-3 龍門電廠因應複合式災害防護優勢[9]

防線	複合防災項目	福島一廠	龍門電廠
一	緊急海水泵室保護	✕	○
二	廠房高程	10公尺	較高(12.3公尺)
三	後備電源 （氣冷式柴油發電機）	✕	○
四	後備電源 （氣冷式氣渦輪發電機）	✕	○（施工中）
五	生水池注水反應爐	✕	○（4.8萬噸）
六	核電廠斷然處置措施	✕	○
七	防海嘯牆	✕	增設(+2.5公尺)

斷然處置——棄廠防核災

上篇提及核四廠抗海嘯的七道防線中最後一道防線是「斷然處置」。簡單說，斷然處置就是棄廠，寧可放棄造價數千億的核電廠也不讓核災發生，波及廠外，這可說是一張王牌。

---

[9] 同註6。

福島核災剛發生時，東京電力也有「棄廠」想法，但若公司政策無此規定，誰敢冒然放棄價值以千億計的核電機組，陷公司於破產？不用說是電廠運轉人員及廠長，就是東京電力社長也不敢棄廠，據說還上報首相。現場人員既然不敢棄廠，只好想盡辦法「搶救」，詒誤「棄廠」黃金時機。台電吸取福島核災教訓，建立「斷然處置」措施，各核電廠均建立正式程序書並完成演練。詳圖4-10。

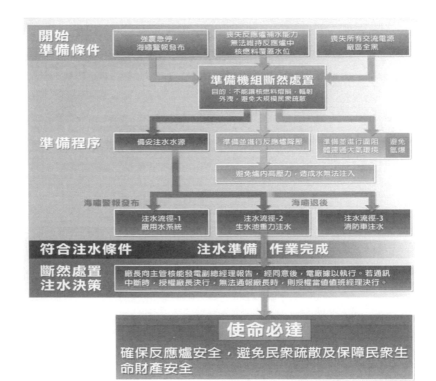

圖4-10　核電廠斷然處置措施 [10]

如果任何電廠發生強震及海嘯造成如福島般的電力全斷，喪失反應爐補水能力（依上篇核四防海嘯之七道防線，機會實在微乎其微），則立即準備機組斷然處置程序：1、進行反應爐降壓，以利注水，2、為防止發生如福島般的氫氣爆炸，準備將圍阻體空氣外洩（當然要先經過空氣過濾器），3、準備注水水源：注水水源也有3個：一、廠用水系統，二、生水池（利用重力注水），三、利用消防車注水。

　　也有學者提出核四廠「斷然處置」之疑義，台電公司表示[11]，「斷然處置措施」係針對日本福島事故各項事實資料，想定在巨大且複合式的災變下，針對核電廠發展出的最新應變程序。針對學者所提五項疑義，台電曾說明如下：

　　一、「高壓注水系統可以持續運轉至少一小時？」

　　高壓注水系統主要功能就是維持反應爐冷卻，避免爐心熔毀。我國核能電廠的高壓注水系統設計可連續運轉八小時；台電並已建立無需直流電源，可由人工操作運轉之模式，經演練驗證確實可行。因此一小時之運轉條件確實可以達成。觀察日本福島核災事件，二號機及三號機爐心隔離冷卻系統分別持續運轉將近一天及近三天，證實此項運轉條件的可行性。

　　二、「冷卻水管路洩漏？」

　　世界各國的核電廠均採用最嚴苛之核能級品管要求及零組件規格，確保於強震等嚴苛狀況發生時，反應爐的重要管路、設備均能保持完好。但為避免灌水管路可能在事故中受損，各核電廠均備有多重注水路徑。觀察日本福島核災事件，震央附近的核電廠（福島一廠、

---

[11] 台電公司102年4月30日新聞稿。

二廠及女川電廠）於強震階段，相關安全系統均能維持運作，均未有傳管路洩漏現象。至於福島一廠事故主要係強震引發後續海嘯侵襲廠區，致使緊急電力系統受損後，無法保持爐心冷卻，導致爐心熔毀及氫爆等嚴重事故，管路損壞研判是氫爆所造成。

三、「直流電供電正常？」

參考福島事件經驗，為確保並延長直流電源的供應，台電已將核電廠現有可供8小時的要求，擴充並延長至24小時，並另有後備柴油發電機，可持續對充電機充電，確保提供長期且穩定之直流電源。

四、「儀器顯示正常？」

參考福島事件經驗，核電廠儀表無法顯示正確數據的關鍵是直流電源喪失，因此台電已發展出可不經由儀表，值班人員直接量測控制室內之儀器接線端子，讀取包括水位、反應爐壓力等數據之作業方式，作為面對極端情境之處置。

五、「電磁閥都沒損壞？」

核電廠每個機組均有10組以上洩壓閥，每個洩壓閥均配有兩個電磁閥，其中一個電磁閥動作即可開啟，藉此大幅降低全部設備同時故障之風險。提供電磁閥運作所需的直流電源，如前述已有強化因應措施，可提供持續穩定的直流電源。

因為棄廠有「黃金時間」，所以批准棄廠只有兩層即可決定：廠長請示主管核能發電廠副總經理後執行。若無法聯絡上副總經理則廠長自行決定，如在控制室負責運轉的值班經理無法聯絡上廠長則自行決定，決不會像東京電力般的遲疑，詒誤軍機。

「斷然處置」就是棄廠，在千萬分之一的機會發生斷電、喪失冷卻水的情形下，台電已有壯士斷腕的標準程序，寧可放棄價值上千億

的核電廠也不讓核災發生[12]。國外許多公司已來台取經，準備仿效台電建立「斷然處置」程序。

「斷然處置」是在福島事件後台電的新政策，以確保核災決不會在台灣發生。有此一標準程序，台灣即使有四座核電廠，全國人民也更能高枕無憂。

本書對核災有一系列的討論，在此可作一回顧與總結。

日本發生福島核災造成我國國民極大震撼，許多人因台灣與日本都處於環太平洋地震帶，以為日本「311」發生的地震海嘯也可能在台灣發生，導致核災，因此反對核能電廠的設立與營運。

但如本書指出，以地震而言，日本斷層長，台灣斷層短，台灣不可能發生如「311」般規模九的地震。至於海嘯，因台灣外海之海溝斷層方向及近海地形，台灣也不可能發生如日本般的海嘯。目前台灣核電廠地表高程都高於模擬之最高海嘯溯上高度。

許多人對電腦對海嘯的模擬存疑，認為海嘯仍可能高於廠址高程。但即便如此，龍門電廠抗海嘯有七道防線，均為日本福島核災電廠所無，即使海嘯高程高於地表高程也可應付。到了最後關頭才會啟動斷然處置，寧可引海水注入反應爐，放棄核電廠，也不會讓核災在台灣發生。

本書研討地震、海嘯、抗海嘯七道防線及斷然處置措施可證明核四廠「固若金湯」，希望能稍解讀者的疑慮，支持攸關台灣國運的核能電廠計畫。

---

[12] 反應爐在正常運轉時，對冷卻水潔淨度的要求極高，不容許有任何雜質。在斷然處置過程中所注之水可能為海水，使重新啟動反應爐十分困難，也可能不符經濟效益，形同放棄電廠。

核電廠不會發生核爆

　　到現今為止還有不少人以為核能電廠是一個原子彈，如果操作不慎就會發生核子爆炸。遠的不說，台灣有些報章雜誌就有認為福島核災是核電廠發生核爆所造成。個人在1985年曾撰文解釋並轉載於台電月刊271期（核四公聽會）一文，今全文照錄於下：

　　一般民眾對核能的恐懼是完全可以理解的，因為核子能第一次顯示其威力時的面目實在太猙獰了。廣島、長崎的兩顆原子彈將核能的威力向世界作第一次的展露，兩朵代表死亡的蕈狀雲就此深深的刻印在世人的腦海裏。

　　核能發電與原子彈爆炸的原理相同，同是利用連鎖反應。一般民眾最疑懼的就是萬一核能電廠操作不當，整座核能廠是否會發生核爆，造成所謂的「絕對性毀滅」。一般報章雜誌好像一直都沒有以較通俗的文字將為何核能廠不可能發生核爆的原因作一說明，但這問題實在太重要了，筆者以為在此以數百字將這一問題作一解說應不算是浪費篇幅。

　　核能的威力是愛因斯坦首先預測的，在他有名的質能互變公式中指出，任何微小質量的消失都會產生巨大的能量，其間關係與光速平方成正比。

連鎖反應

　　當一個不穩定的原子核受到中子撞擊後會分裂成兩個較小的原子核及一些中子，但這兩個分裂後的原子核與中子質量相加比原先的原子核質量為小，所損失的質量即轉化為能量。

一個原子核分裂所產生的能量還是有限的，千千萬萬個原子核分裂才能產生巨大的能量。最理想的方式就是當一個核子分裂後所產生的中子又撞擊其他核子導致其分裂，這分裂的核子又產生中子導至下一次的分裂，如此生生不息，每次分裂都一方面產生能量，另一方面又產生中子導至下一次的核分裂，這就是所謂的連鎖反應（見圖4-11）。

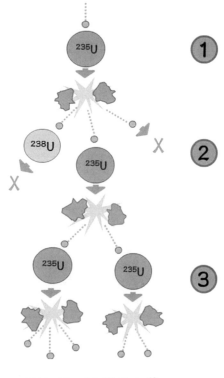

圖4-11　連鎖反應[13]

---

[13]　彩圖頁為P.247。

原子彈和核能廠都是用連鎖反應的原理產生能量的，但其中有一個絕大的不同，詳述如下：

自然界中的鈾原子有兩種同位素：鈾二三五及鈾二三八，其中鈾二三八是穩定核子不易發生分裂，鈾二三五是不穩定核子受撞擊後會分裂而釋出能量，在自然界的鈾礦中，鈾二三五占0.7%而鈾二三八占99.3%，二者混合在一起，極難分離。

如此低濃度的鈾二三五是無法產生連鎖反應的，因為即使一個鈾二三五受到衝擊分裂而產生中子，但因周遭鈾二三五比例太少，所產生的中子撞擊到另一個鈾二三五的機會太少了，分裂反應無法持續下去，所以無法產生連鎖反應。這是很容易證明的，有誰聽說過一個近代鈾礦自行發生連鎖反應的？

為了達到連鎖反應的效果，科學家只有想辦法以各種方式來增加鈾二三五的濃度，原子彈與核能廠主要分別即在於所含鈾二三五的濃度不同。

原子彈的目的是在最短時間內產生最大的爆震力，所以其中的鈾二三五濃度在90%以上，在如此高濃度下，連鎖反應將以幾何級數進行，在極短時間內產生極大的能量。

核電廠需求不同，要求在人為控制的環境下使連鎖反應穩定的進行，希望一次分裂所產生的中子只能在下次引起恰好一次的分裂，而不以幾何級數倍增。所以鈾二三五的濃度就不能像原子彈那麼高，大約只在3%左右，見圖4-12。

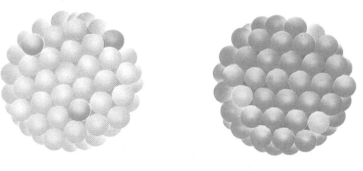

核電廠之核燃料　　　　　　　　原子彈核心
U-235 佔３％　　　　　　　U-235佔90％以上

U-238不可分裂

U-235可分裂而放出能量

圖4-12　核子彈與核燃料比較 [14]

緩衝劑與慢中子

　　在如此低濃度下連鎖反應是無法產生的，這又牽涉到另一個技術問題。中子撞擊鈾二三五並不是每次都會導至分裂的，中子速度太快或太慢都不行，只有在適當速度範圍內的中子撞擊核子時所引起核分裂的機會才最大。一般核分裂後產生的中子速度太大，為了要增加分裂的可能性便要想法子使中子速度慢下來。最有效的減速方法就是使中子在撞擊鈾二三五之前，先和其他質量相等的核子碰撞，以消耗其動能達到減速目的。

---

[14] 彩圖頁為P.247。

水是由兩個氫原子和一個氧原子所構成，氫原子核的質量與中子相同是最有效的緩衝劑之一。一般的輕水式反應爐就是一方面用水作為爐心的冷卻劑，將爐心產生的熱量移走以產生蒸汽推動汽渦輪機／發電機來發電。另一方面以水作為中子的緩衝劑。如果爐心中沒有水，中子無法減速，則連鎖反應無法產生。

核能廠的冷卻水是成循環系統的，源源不絕的流動以將核分裂在爐心所產生的熱量移走發電。核電廠最嚴重的事故就是由於冷卻水系統出問題導至爐心過熱而融化，這正是核能災變所發生的狀況。但不要忘記爐心一旦缺水，中子無法減速，連鎖反應立刻自動停止。爐心的餘熱是來自爐心放射性物質的衰變而不是由連鎖反應所產生。

由以上的說明我們可以知道，核能廠要在極端精密的控制之下才會產生連鎖反應，萬一任何意外破壞了這種精心設計的平衡狀態，連鎖反應會立刻自動停止，所謂原子彈式的爆炸是絕無可能發生的。

核二文章錯誤百出

去年核二廠螺栓事件時，劉黎兒女士在其專欄[15]中表示「核二若重啟，台灣將不保」，該文中與事實不符之處甚多。

該篇文章總共不過1300字，其中800字討論的是核二螺栓及側板問題。老實說除非是實際處理此一問題的工程人員，外界人士因沒有準確資料，報章上的胡亂報導實在也難以辯駁。但該文中與螺栓及側

---

[15] 蘋果日報101年6月21日。

板無關的500字一般知識性評論中就明顯的可看出有4大錯誤。

1、文中說3月停機發生0.29G的震動，為原規範的2倍，即為錯誤。核二廠地震設計準則將地表地震加速度分為兩種，一種為OBE（Operation Base Earthquake，運轉基準地震），OBE為0.2G，表示在0.2G的加速度下核二廠都不必停機可安全運轉。設計準則中的另一種地震為SSE（Safety Shutdown Earthquake，安全停機地震），SSE為0.4G，表示核電廠即使在遭遇0.4G地震都可安全停機。核電廠安全設施都是以0.4G作為設計準則，所謂0.29G為「原來規範2倍」，真是不知所云。

2、文中說「用過的燃料棒存放在核二兩爐頭上簡陋燃料池」也是大錯。劉黎兒顯然並不清楚核二廠設計與福島電廠不同。福島設計將用過燃料池置於反應爐上方，兩者位於同一結構體內。核二設計將燃料池設計為獨立建築物（Fuel Building，燃料廠房），與原子爐結構完全獨立，為兩個結構體，燃料池並不在反應爐上方，劉文基本上是指鹿為馬。

3、文中指出「日本重啟之大飯核電，離東京最遠，國民都八成反對……」此一陳述也是愚弄不知日本核電分佈的讀者。
大飯電廠屬關西電力，關西電力轄區位於日本本州，在東京之南。日本除本州外，在四國及九州兩島也有核電廠，四國、九州兩島在本州之南，其核電廠自然較大飯核電廠離東京為遠，劉文完全是誤導大眾。（詳圖4-13）

4、文中指出「台灣備載30%至40%，毫無不足」也是錯誤。台灣2011年備用容量為20.6%。

短短文章竟有這許多錯誤，劉女士實應加強核能基本知識。

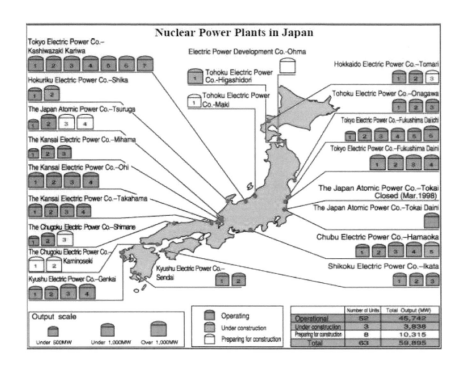

圖4-13　日本核能電廠分布

核電除役

　　許多人反對核能最主要的原因有二：

　　一為核電安全，二為核電除役及高階核廢料處置。本書分四篇討論此二問題，三篇討論技術面，一篇討論成本面。

　　首先討論核電廠除役問題。許多民眾一再質疑，總以為核電廠既使除役，核電廠址也「毀了」，甚至以為因為輻射關係，核電廠無法拆除，人類也永遠無法再利用除役後的核電廠址，這是極大的迷思。核電廠當然可以拆除，但各國核電廠除役後何時開始拆廠有不同規定，圖4-14即為美國核電廠正在進行拆廠作業的照片。

圖4-14　美國核電拆廠

　　核電廠拆除後廠址使用也各有不同。一類是「Unrestricted use」
（不限制使用），表示核電拆廠後的廠址可以移作任何用途，最嚴格
的不限制使用就是假設移為農場使用。農場住戶每天24小時生活起居
其間，並種植蔬果，養殖家禽、家畜，全都不加限制。以美國而言，
已有11座核電廠完成除役，其中4座核電廠廠址「無條件釋出」即符
合以上條件，圖4-15為Shippingport核電廠除役前後之照片，該電廠即
為無條件釋出之一例。

圖4-15　美國Shippingport廠址除役前後廠景比較

有些核電廠在除役後，土地仍屬電力公司所有。電力公司準備在原地興建新電廠，可能是火力電廠也可能是核能電廠。如果核電廠除役後並非「無條件釋出」，則新設電廠依員工平均每天8小時輪班計算，核電除役後之除污條件可較為放寬。

換一句話說，核電廠除役後原廠址仍可移作他用，並非如有些人士認為該廠址「毀了」，幾百年內人類都無法再使用。

高階核廢料處理（一）

上篇討論核電廠除役後土地使用問題，但核電除役後，另一個民眾關心的問題就是高階核廢料如何處理的問題。

核廢料分為兩種，一種是低階核廢料，佔核廢料大宗，主要是在核電廠運轉維護過程中受到輻射污染的物品如工作服、工具、廢樹脂、過濾器等等，經再處理後移往蘭嶼的就是這一類低階核廢料。

高階核廢料就是核電廠用過核燃料棒，體積很小，每年用過核燃料棒體積如一個公用電話亭大小。核燃料棒在發電過程會產生新的核種，每種核種半衰期都不同，半衰期短的在燃料棒剛移出原子爐時輻射性最強。半衰期長的，輻射在開始較短半衰期的核種為弱，但因半衰期長達萬年以上，如何處置就是人類頭痛的地方。

實際上用過核燃料棒中仍有許多可經再處理取出再利用的核種。所以許多國家並不將用過核燃料視為「廢料」而認其為「資源」。用過燃料棒經再處理後，所剩餘的廢料遠小於原體積。另一方面，因為許多長半衰期的核種都已取出，其半衰期也大大減短，容易處理得多。目前世界上許多國家遲疑於處理用過燃料棒的原因在於擔心造成核武擴散，所以目前許多國家的用過核燃料並沒有進行再處理。

一般用過核燃料剛由原子爐中取出時仍產生大量衰變，輻射性很強，電廠均將其置於「用過燃料池」中以循環水冷卻數年後再取出。世界大多數國家因居民反對都不容易找到高階核廢料長期地質處置地點，目前將用過燃料棒移出用過燃料池後多先予以「乾式貯存」（詳圖4-16）。

圖4-16　　高階廢料乾式儲存

　　我國核一、二廠目前也準備進行乾式貯存，乾式貯存場設於地表，一般可貯放50年，自然散熱，安全無慮。311發生核災的福島電廠也有用過燃料乾式貯存場，歷經規模9地震及14米大海嘯，核電廠發生災變，乾式貯存的高階核廢料則完好如初，通過了最嚴厲的天災考驗。乾式貯存的最大好處之一就是保持未來再處理的彈性。50年後的世界，再處理技術必然有長足發展，核武擴散可能也不再是個問題。

世界多數國家決定最終處置的地點多遭到居民反對而困難重重。以美國而言，原來決定在內華達州的尤卡山（Yucca Mountain）設立核電廠高階核廢料最終處置場也在兩年前放棄。最主要的原因是目前參議院多數黨（民主黨）領袖正是內華達州參議員賴德（Reid）。歐巴馬總統有太多法案在國會通過有求於他，也只好屈從賴德廢止尤卡山計劃的要脅。

　　但美國政府在新墨西哥州倒成功興建了一個核廢料處置場處置軍方的核廢料，因其中也有長半衰期核種，該計畫目標為處置10000年（詳圖4-17）。

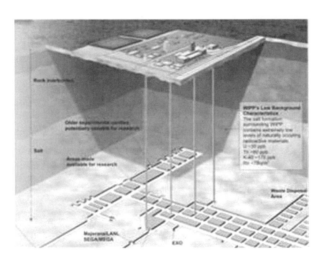

圖4-17　美國核武廢料長期地質儲藏
墨西哥州（10000年規劃）

　　該長期處置場名為Waste Isolation Pilot Plant（WIPP），是利用當地極為穩定的鹽層地質（2億年未受擾動）作為處置場，已於1999年

啟用儲存核武廢料。該處置場能建成的主要原因之一，就是新墨西哥政府及當地居民接受該計畫。

　　北歐國家民主較為成熟，目前全球已決定核電廠高階核廢料長期地質處置地點的兩個國家正是北歐的瑞典及芬蘭。這兩國地質條件並無特殊之處，兩國能確定長期處置地點正突顯了其他國家遭遇的困難並不是技術問題而是因居民反對之故-NIMBY（Not In My Back Yard，不要在我家後院。）

　　以台灣而言，低階核廢料貯藏地點都處處碰壁，在目前氛圍下要找尋高階核廢料長期處置地點必然困難重重。但處理此事並沒有其急迫性，台灣完全可以將用過核燃料暫在電廠內以乾式貯存，在未來50年研討再處理的可能性，民眾可以接受的長期處置地點的可行性甚至探討境外處置的可能性。

　　高階核廢料的處理並不是技術問題而是政治問題，實不宜作為反對核電的理由。

高階核廢料處理（二）

　　要保證高階核廢料上萬年的安全處置一直是許多人反核的原因，但這個問題可由不同的角度來思考。

　　2009年加州大學柏克萊分校的物理學教授Richard A. Muller（理查‧繆勒）出版了一本Physics for future President，國內有翻譯本：「給未來總統的物理課」，該書涵蓋範圍很廣，談論了許多科學問題、能源、核能、暖化都是重點議題。繆勒教授今年又出版了一本書，名為Energy for future President -「給未來總統的能源課」，國內尚無譯本。

繆勒教授在書中針對高階核廢料倒提出了一個較為特別的觀點。繆勒將處置後核廢料的輻射強度與天然鈾礦的輻射強度作一比較。

繆勒的論點是許多國家都有鈾礦，但沒有民眾將天然鈾礦當作生死攸關的「長期處置」問題，吾人何不以鈾礦輻射強度作為指標來檢視用過核燃料長期處置的輻射安全指標？

核燃料在原子爐中其放射性較天然鈾礦高百萬倍，但移出原子爐後因迅速衰變，放射性極速降低。在100年及1000年後約降為天然鈾礦500倍及50倍。繆勒教授認為對未來高階核廢料長期處置是否會影響生物圈，有兩個數字要考量：一個是洩漏量，一個是洩漏機率。

假設百年後洩漏量為10%（極大量），但如此大洩漏量的機率為1%（也是十分高估），兩者相乘表示百年後有0.1%的核廢料會影響生物圈，但因百年後核廢料的放射性強度已降至天然鈾礦的500倍，所以即使在如此保守的假設下，生物圈因核廢料造成的輻射影響也低於與天然鈾礦。假設千年後洩漏10%廢料的機會增加為10%，依同樣計算模式可知其輻射強度仍低於天然鈾礦之輻射強度。

繆勒教授的這種說法雖可提供吾人不同的思考模式，但個人覺得發生核廢料洩漏的可能性應遠低於以上假設。

以上篇美國新墨西哥州WIPP長期地質處置場而言，其處置場深入地下650米（101大樓倒插入地下也不過500米）。處置場上下鹽層厚1公里（1000米）。

為何選擇鹽層？因為鹽有極特殊的物理性質：Salt Creep（鹽蔓延），意指鹽會由四面八方因塑性流動而將任何孔隙都封住，而使被封存的物質（如核廢料）不但動彈不得也無任何孔隙可洩漏，這也就是為何世界上許多國家都認為以鹽層作為核廢料最終處置場是極佳的

選擇。

試想封於地下650m，上下有1000米鹽層包封的核廢料，何有可能在百年後有1%的機會洩漏10%到地表？要知該鹽層在2億年前是大海，但滄海桑田，海水在2億年前蒸發後留下1000米厚的鹽層，2億年來都未變動，是極為穩固的地質。

我們可以再檢視兩個案例，或可增強吾人對核廢料處置的信心。

在非洲加彭共和國的Oklo地區，17億年前曾發生長達數十萬年的自然連鎖反應，其產生的高階核廢料當然未經人為加固，17億年來留在原地未曾移動（相關資料可自行在網路上查詢）。

古人科技當然遠遜今人，但2000年前我們老祖宗在秦始皇陵以高嶺土作為隔水層，2000年後還保持秦始皇陵未受地下水侵襲。另一方面因秦始皇陵墓甚淺，迭經盜墓，但秦始皇陵基本上保存完好如初，直到2000年後才為現代人所挖掘。這些歷史上的成功封存案例對現代人將高階核廢料長期地質處置應也增加不少信心。

以我國而言，目前以花崗岩地質最為合適作為最終處置場。另一方面國際原子能總署長年也推動國際間合作處理，因場地由數國共有可減少投資浪費。國際上合作興建最終處置場地在建造、使用及監督都可更有效率執行。我國可視國際合作進度決定是否做境外最終處置。

但吾人真正期望的是目前在發展中的第四代反應爐能在30年內開發成功，第四代核反應爐可使用第三代反應爐（核四廠之ABWR即屬第三代）之「核廢料」作為燃料，而第四代反應爐之「高階核廢料」其輻射強度在數百年內就會降為與天然鈾礦無異，人類予以「最終處置」將容易得多。

核電除役與高階核廢料處理成本

我國各種主要發電方式中（核、煤、氣），核能是成本最低的發電方式，但常有人質疑目前台電核能發電成本如此低廉的原因是在於未考慮電廠除役後的「拆廠」及「用過核燃料長期處置」費用。

表4-4為2012年核電每度電發電成本（單位為元）。

表4-4　2012年核電每度電發電成本

折舊	0.06
燃料	0.16
運轉維護	0.33
後端費用	0.17
總成本	0.72

其中除一般火力電廠都有的折舊、燃料、運轉維護成本外還有一項火力電廠所無，核能電廠特有之後端費用。2012年核電廠每度電提撥後端費用0.17元，當年核能電廠共發電389億度，總共提撥66.7億元之後端費用。我國核能電廠提撥後端基金超過二十五年，反核人士一再宣稱我國核電價格低廉是沒有考慮電廠除役後的後端營運費用有兩個可能：一個是無知，一個是有意誤導。吾人很難想像反核人士二十餘年來對台電核電提撥後端費用一無所知，有意誤導的可能性還較高。

我國核能每度電提撥0.17元與世界其他國家相較如何？表4-5為世界各國核電每度電提撥後端費用的金額（單位為美分）。

表4-5　國際後端營運提撥金額（每度電）

美國	瑞典	瑞士	西班牙	芬蘭	台灣
1	1.65	9.43	3.4	3.53	5.56

*資料來源：核能發電後端營運基金網站

　　美國提撥只含用過燃料最終處置費用，其他各國除用過燃料最終處置費用外還包含拆廠費用及低階廢料最終處置費用。由表4-5可看出我國提撥之後端費用只低於瑞士而較其他國家為高。

　　也有些人士質疑每度電提撥0.17元後端費用是否足夠。

　　我國三座核能電廠目前提撥之後端基金已超過2200億元，預計6部機除役時（以40年計），累積基金將超過新台幣3000億元，高於當初6部機的建廠總費用。美國已有11部機完成拆廠，全球許多國家也都有拆廠經驗，目前平均拆機費用為美金420元／瓩。我國3座核能電廠6部機總裝置容量為514萬瓩，則拆廠費用估計為NT$650億元。3000億元後端基金減去650億元還有約2300億元以上可作為低階、中階核廢料長期處置之用。

　　許多人也有種誤解，認為長期處置超過萬年，這筆基金可能不足。但事實上，世界各國目前採取的地質深層處置方式，其費用主要集中在建設費用。在高階核廢料處置後，該設施基本上是永久封存，不須後人照顧，所以後人基本上不用負擔任何費用。依目前世界各國預估高階核廢料長期地質處置之建設費用，二、三千億元應為足夠。

　　反核人士一再宣稱，台灣核電便宜是因為未考慮後端費用（拆廠及核廢料處置費用），是極大誤解。

台灣核電政策使經濟遠遠落後韓國

　　台灣與韓國兩國政府近二十年的能源政策南轅北轍，不但是台灣今日落後韓國的具體寫照，更是可預見未來台灣將更為落後於韓國的水晶球。

　　表4-6即為兩國核電發展的昨日、今日與明日。

表4-6　台灣、韓國核電發展比較

		1984	2010	2030
台灣	機組	5	6	2
	核電佔比	50%	20%	5%
韓國	機組	2	22	40
	核電佔比	20%	30%	60%

* 1984年台灣、韓國發電各為530億度

　2010年台灣、韓國發電各為2070億度/5000億度

　　30年前兩國政策都決定大力發展核電，當時台灣先著一鞭，發展核電速度超過南韓。在1984年我國完成5部機組時，核電佔全部發電度數之半，當時韓國只有2部機組，核能發電佔比也只有20%。在1984年，台灣與韓國每年發電度數相當（約為530億度），兩國國民生產總額亦相當，但台灣人口為韓國之半，台灣平均國民所得為韓國一倍。

但十分不幸台灣在完成三座核電廠6部機組後，社會上因環保團體及反對黨的結合，使核四計畫耽誤近20年。其結果是在2010年台灣仍只有6部核能機組，核能發電佔比不足20%。而韓國已有22部機組，核能佔比超過30%。在2010年台灣發電度數為2070億度，韓國已成長為5000億度，為台灣的2.5倍，人均所得已高於台灣。

　　我國目前決定，目前6部機組在服役40年後將予以除役。6部機將在6年後（2018）開始，於8年間（到2025）全部除役。在2030，我國將只有核四兩部機運轉，核電屆時只佔發電比例的5%，而韓國計畫屆時有40部機組，核電佔比將為60%。。

　　過去五年（2007-2011），我國核電／燃煤／燃氣發電每度電平均成本分別為新台幣0.64元，1.55元及3.26元。核能、燃煤每度差價為1.71元，核能、燃氣每度差價為2.62元。

　　韓國能源政策選擇的是一條廉價路徑，而我國目前減碳降核政策卻是背道而馳。依預估，2030我國電力系統總用電量將成長為3300億度，我們可以試算反核所造成的代價。如我國2030年核能發電佔比如韓國有60%，以目前預估只有5%左右相較，表示1800億度（3300億度的55%）將由火力發電取代。保守估計每年發電成本差價為4000億元。我國電價較韓國至少高出50%，工業界有何能力與韓國競爭？

　　由台灣南韓能源政策的不同，可以解釋為何今日我國經濟遠落韓國之後，亦可預計未來更將被遠拋在後。依此發展，2030韓國平均國民所得將為我國一倍，我國欲迎頭趕上，首先就必須修正目前極端錯誤的能源政策。

台灣可以立即廢核嗎？

媒體報導[16]：台灣2011年備用容量達20.6%，核能裝置容量只有12.4%，如果核能機組全停，備用容量也足夠，聽起來很有說服力。

目前台灣最主要的發電方式有三：核能，燃煤，燃氣，三者發電度數占全系統發電九成。如果核能停用，只有由燃煤和燃氣二者取代。2011年燃煤電廠容量因數為82%，燃氣電廠為47%，表示燃煤電廠接近滿載而無能力增加發電量，只剩燃氣電廠尚有餘裕。2011年核電發電度數為405億度，如果全由燃氣電廠取代，則燃氣電廠容量因數為77%，完全足以取代核電。

但我們可以檢視一下以燃氣取代核能，成本將增加多少。過去5年（2006-2010）核能、燃氣平均每度電發電成本分別為0.63元及3.2元，每度差價為2.57元。如果核能電廠每年所發的405億度電全數由燃氣電廠取代，則發電成本將暴增1040億元，碳排增加1680萬噸。

2008年發放消費券時，全國每人可領3600元（三口之家超過一萬元），總預算不過830億。表示以若氣代核平均每戶為了進口天然氣將分攤燃料費用1萬元以上。碳排1680萬噸，也為我國全國交通碳排（約3300萬噸）之半。「立即廢核」真的是台灣人民會選擇的方案嗎？再進一步討論，在馬政府未來執政三年間，沒有任何新發電機組可完工。如果每年用電仍以3.5%成長，三年內備用容量就會降到個位數，台灣未來數年將非常依賴低廉的核電來維持可靠的供電，何可輕言「立即廢核」。

---

[16] 天下雜誌496期，101年5月10日。

第三點，燃氣電廠需進口大量液化天然氣（LNG）作為燃料，但LNG採購合約都是長約，LNG儲槽（儲存攝氏零下162度的LNG）從計畫開始到完工驗收，也至少要10年時光。目前中油LNG接收站卸LNG及氣化廠的裝置容量均配合目前LNG進口量，要配合立即廢核所暴增的六百萬噸LNG量，實務上不可行。

在福島核災後，美、法、英、中、韓、印各國政府仍一致表示將繼續發展核電的原因（詳表4-7）。各國政府不是不知道發展核電要冒一點風險，但深知不發展廉價的核電對國家經濟的影響實在太大，並且是必然發生的。

表4-7　福島核災後各國家核能政策

美國	歐巴馬總統宣稱核能對美國極端重要(3/17)
法國	法國總統宣稱法國絕不可能放棄核能(3/14)
英國	政府宣稱新建8部核能機組計畫不變(6/23)
中國	政府宣稱發展核能政策不會改變(4/7)
韓國	總統宣稱不可能放棄核能(4/11)
印度	首相宣稱清潔的核電是一重要選項(4/26)

閣員不敢明言──矛盾的核能政策

立法院教育委員會及經濟委員會聯席審查「非核家園推動法」（草案），該草案目標是使台灣在2025年達到非核家園目標。會中邀請原能會蔡主委及經濟部杜次長列席並備詢。兩位政務官回答都未逾越目前政府政策：一、核一到核三廠在2025年前除役。二、核四廠在

確保核安的前提下商轉。但兩位閣員提出反對2025全面廢核的數據卻可明顯看出，推動核四但不予核一到核三延役，是多麼自相矛盾及愚蠢的政策。

兩位政務官提出依馬總統日前揭示的降核三條件：減碳考量、維持合理電價、供電穩定，2025年達到非核家園不可能同時達成。

一般人可能不知道核四兩部機每年可發電200億度，但核一到核三廠每年可發電400億度。要達到所謂降核三條件，到底可發電200億度的核四貢獻大，還是可發電400億度電的核一到核三廠貢獻大，不辯自明。

1、以減碳而言，核電可取代同為基載電廠的燃煤發電，核一到核三每年可減碳3600萬噸（超過全國交通碳排：3300萬噸），核四廠可減碳1800萬噸，何者減碳效果大，不辯自明。

2、以維持合理電價而言，核一到核三因建廠費用已折舊完畢，目前每度電成本為0.65元，核四要攤提建廠成本，每度電成本約1.7元，雖都遠低於政府大力推動的燃氣發電（每度成本3.2元）。但核一至核三的成本遠低於核四成本，也明顯看出對「維持合理電價」何者的貢獻較大。

目前台灣核電廠每年發電400億度，佔全國用電20%。如果以燃氣發電取代核電，每年成本增加約新台幣1000億元。若以燃煤發電取代，每年增加成本約500億元（含碳權；以二氧化碳交易額每公噸新台幣500元計算）。不論何種方式都將對台灣的國際競爭力產生極嚴重的影響，並將導致外國投資不前。

3、以供電穩定而言，在立院會上資料顯示，2025廢核會使全台

供電備用容量大幅降低，發生缺電限電的機率大增，但勿忘核一到核三每年可發400億度，高於核四廠200億度的2倍，何者對維持全台供電穩定助益大，也是不辯自明。由能源供應安全角度考量，台灣99%能源依賴進口，可說是能源供應風險最高的國家。核電廠每次裝填核燃料後可連續運轉一年半，是所謂的「準自產能源」，對台灣的能源供應安全貢獻極大。

自從福島核災後，美國政府核准了9個核能機組的延役，今年2月美國核能管制委員會更在1976年三哩島事件發生36年後，首次批准在喬治亞州新建兩座核能機組。韓國是台灣在國際上最主要的競爭對手，目前運轉中的核能機組有22部之多，並正在新建6部新核能機組。

經濟學人雜誌在福島事故一周年時曾特別報導核電前景。報導內容不是很樂觀，但特別指出德國將運轉良好，資本支出已折舊完畢而可提供極低廉的核能電廠予以除役，毫無道理（make little sense）。

兩位閣員雖都未踰越目前政府政策，但由其以馬總統降核三條件來駁斥2025非核家園無法達成，其實也突顯了目前政府一方面推動核四商轉，一方面不予核一到核三延役，是多麼自相矛盾的政策，可嘆的是閣員並不敢明言。

核電延役——多說真話

日前林宗堯先生在立法院直言應允許核一、二、三廠延役，次日各大報都以顯著標題報導。個人在上篇「閣員不敢明言－矛盾的核能政策」中早已明言，目前政府卯足全力推動核四發電但同時又宣布不予現有三座核電廠延役是極大的政策矛盾。

核四廠每年發電200億度，核一到核三廠每年可發電400億度。政府推動核四所提的好處如減碳、維持電力穩定，現有三座核電廠都比核四有雙倍好處。以提供廉價電力而言，因核四需攤提建廠費用，而現有核電廠建廠費用均已攤提完畢，如以氣代核就算不計碳排成本，現有三座核電廠每年至少可省1000億元，遠較核四能省350億元為多。

能源界了解以上數據的人不在少數，但願意站出來大聲疾呼的人實在太少了。個人去年出版「能源與氣候的迷思」一書的副標題：「兩兆元的政策失誤」就指出廢核一到核三的代價每年為1000億元，以核電延役20年計算，不正是2兆元的代價？社會上也不是沒有為現有核電廠延役請命的聲音，但實在都太「委婉」了，不特別注意常會為人所忽略，試舉2例：

3月11日經建會管主委在立法院答詢立委質詢時表示：以經濟學供需理論而言，真正威脅在於核一、二、三廠陸續除役後，用電缺口浮現，屆時將對國內經濟形成實質衝擊。

3月13日台電法務室胡主任投書中國時報「核四停建，台電將破產」一文也指出「若核一至核三在安全無虞的情況下，能夠比照美國核能電廠先例，再延役二十年自是最為理想。若無法如願，這三電廠每年所發400億度電缺口如何填補，將是極為嚴峻的考驗」。

許多人以為核一延役是在2018年，距今還有5年，待下任總統再改變政策不遲是極大的誤解。為填補2018-2025八年間將會出現的巨大供電缺口，而興建新電廠又非10年不為功，台電已卯足全力規劃興建新的燃氣電廠來填補此一巨大缺口，在10年內將陸續完工。

更可怕的是中油為配合台灣新建燃氣機組所需的天然氣，已在去年與澳洲簽定6300億（依當時氣價估計）提供15年液化天然氣的

合約，並在未來數年將陸續簽訂新約，購氣合約都有take or pay條款（無條件付款）無法毀約，台灣將被套牢。中油並不得不在未來幾年陸續簽訂新的購氣合約，以補核電除役之缺口。

由以上分析可知修正核電延役政策十萬火急，不能等待下任總統再修正。

核電延役茲事體大，在此懇請各界擁核人士在核四議題之外也要勇敢站出來呼籲政府修正「穩健減核」的重大錯誤政策。

趙少康提問：「競選諾言可以改變嗎？」

作者曾接受趙少康專訪討論《能源與氣候的迷思》一書，於中廣「趙少康時間」播出。在專訪中少康兄提了一個問題，但因其他問題插入所以未及回答，僅在此作一簡單回覆。

在討論台灣核電廠是否應「延役」時，少康兄提到馬總統在2011年競選時明確承諾核一至核三6部機組在運轉40年後，將在2018到2025年間除役，政府不會如同其他國家般的給予再加20年運轉的「延役執照」。

少康兄的問題是：馬總統在競選時有此承諾怎麼可以反悔呢？不錯，競選諾言不宜輕易改變，但如果在事後知道該承諾為一重大錯誤，或在競選時就明知該承諾為一「競選語言」，在國家最高利益考量下，不是不能檢討改變。以下列舉一例說明競選承諾並非不能改變。

美國卡特總統在擔任美國總統前曾擔任喬治亞州州長，在1970年卡特競選喬治亞州長時，美國黑白種族問題仍極嚴重。尤其在如喬治亞州等南方各州，政治人物在競選時都不敢得罪勢力強大的「種族分

離主義者」，沒有人敢替黑人說句公道話。整個南方政治被少數「種族分離主義者」所綁架。有如今日台灣政治人物為「極端環保運動者」所綁架一般。

卡特為了選上州長，在競選時也附和了種族分離主義者，贊成黑白教育隔離，在公車上白人坐前面，黑人坐後方，也承諾在選後將邀請南方各州中主張「種族分離」最激烈的阿拉巴馬州州長華勒斯到喬治亞州訪問演講。卡特終以些微多數票當選為州長。

但出乎大家意料的是，卡特在州長就職演說中竟然宣稱「我老實的跟各位說，種族分離的時代已經過去了，又窮又沒勢力的黑人將不會被剝奪受教育、就業甚至公平審判的機會。」卡特的演溝激怒了許多原本支持他的「種族分離主義者」，許多人認為卡特欺騙了他們的選票，如他在競選時敢講這些話，肯定選不上州長。卡特無疑反悔了他的競選諾言，在他州長任內大力推動黑白平權政策，結果全國知名，而在1976年選上美國總統。競選諾言是否可以改變是要看該競選諾言是對還是錯。

目前馬總統的「核能不延役」競選諾言明顯也是在反對黨及極端環保運動者挾持下的承諾，但對國家經濟傷害實在太大了。個人在《能源與氣候的迷思》一書中曾簡單計算：此一承諾對全國經濟的打擊少則一兆元，多則兩兆元。這種競選諾言，為什麼不能改變？「擇善固執」，古有名訓，「擇惡固執」終將接受歷史及人民的審判。真正政治家的勇氣，在這種關鍵時刻才顯現出來。

第五章　核四爭議

核四與統包

　　媒體報導「核四為何從一項國家的重大建設，變成「災難」？這要從民國八十年代核四重啟建廠時的策略錯誤開始。核四廠放棄了核一、二、三廠的委外統包建廠方式，採以分別發包，由台電自主興建，這是一項高難度的考驗，也是核四廠災難的開始。」[1]

　　由以上的陳述，一般民眾可真的被嚇壞了。

　　如果核一到核三廠都真的是由國外公司以統包方式建廠，核四台電採分包自行興建，可真是自不量力。但核一到核三真是由台電委託國外公司採統包方式進行嗎？這是完全不了解工程發包方式者的極大誤解。

　　核一到核三廠都是由台電聘請國外工程公司擔任「工程顧問」角色，而由台電以分包方式自行興建。核一廠的總顧問是依佰斯公司（Ebasco），核二、核三廠的總顧問是貝泰公司（Bechtel）。這兩家公司在核一到核三建廠中扮演的角色都是「工程顧問」而非「統包商」。台電支付這兩家公司的費用都只是顧問服務費（以十億計），

---

[1]　商業週刊1304期，101年11月19日。

而非數百億或千億的統包費用。

　　建廠過程中，上百的設備標及施工標都是台電以分包方式與國內外設備廠商及施工廠商分別簽約。台電並沒有與依佰斯及貝泰兩家公司簽統包合約，而由這兩家公司再與各分包商簽約。核一到核三完全不是台電委由工程公司以統包方式建成。

　　通常統包合約的領軍者不是工程公司，便是設備廠商，台電既然沒有與這兩家工程公司簽統包合約，台電是否有與設備廠商簽統包合約，而由設備廠商領軍負起統包重任？

　　核電廠中最重要的兩個設備是反應爐（Reactor），及汽輪機／發電機（Turbine／Generator）。如果設備廠商擔任統包商，則一定會採用該公司所生產的設備，不會用競爭對手的設備。核一、核二採用的是沸水式反應爐，反應爐由奇異公司（GE）得標，但汽輪機／發電機都是由西屋公司（WH）得標。核三採用壓水式反應爐，反應爐由西屋公司（WH））得標，但汽輪機／發電機卻是由奇異公司（GE）得標。

　　奇異公司及西屋公司都有製造反應爐和汽輪機／發電機的能力，由核一到核三廠這三個核電廠中最重要的設備，都不是由同一家公司提供，可證明設備廠商也沒有擔任統包商的角色。

　　核一到核三正是台電以分包方式招標，而由台電自行興建。核四也是依此模式興建。

核四與設計變更

　　媒體報導：「首先，核四不斷變更設計，這代表核四缺乏縝密規畫，如果是可信賴的規畫者，不可能一面蓋，一面更改規畫，結論是

台電缺乏足夠的規畫能力。其次，不斷的施工錯誤，材料選擇不當，一次是偶然，多次是常態，台電人員自承「智能不足」，這絕對是合理的真相。」[2]

台電人員曾自承「knowledge」不足，本意為「知識不足」，媒體譯為「智能不足」，並以訛傳訛，實為不幸。另一方面，設計變更是工程常態，設計變更是將工程修正為更完美，設計變更並不影響工程品質及工程完工後的正常運作。作者三十年來從事工程事業，還沒有看過任何大型工程沒有大量設計變更的。

設計變更與缺乏縝密規畫根本是兩回事，兩者不能劃上等號。電廠是工期極長的專案，不論火力電廠與核能電廠都是一樣。這種極為複雜，工期很長的工程，是不可能等設計全部完成後才施工的。為了縮短專案時程，這類工程都是在基本設計告一段落後就開始施工，工期長的複雜工程都是一面興建一面設計，這是全球複雜專案進行的常態。

許多機電細部設計在土建動工時都還剛開始，理由也十分簡單。電廠這類複雜工程，機電設備都極多，每個專案都是量身訂做。因為每個電廠的設備都不會一樣，多數機電設備都個別招標採購，不可能有兩個電廠，上百種設備都正好由同樣廠商得標。不同廠商提供的設備功能可能相同，但設備細部規格每個廠商都不一樣，所以機電細部設計（管路、電纜配置等）都要等設備決定後，配合得標廠商設備規格才能全面進行。

在工程設計初期，設備廠商尚未定案，有時工程師只好依過往經

2　商業週刊1305期，101年11月22日。

驗設計以利工地施工。在設備廠商確定後,再進行設計變更,修正原先假設。此外即使有3D(三維)設計軟體協助,在工地施工時發現管路相互碰撞或與電纜托架/設備碰撞仍屬難免,這也是設計變更主因之一。

設計變更也有許多其他原因。比方設計完成後法規修改,則不得不依新法規修改設計。工地購料時發現某種材料市面缺貨,必須改用其他材料。有時運到工地的設備與原先廠商送審圖面有所變動,設計單位也不得不配合變更設計。以核能電廠這種極複雜的工程,在建廠過程中有上千的變更設計實屬平常,這並非台灣特有現象,全球都一樣。因為設計變更是工程進行中的常態,所以顧問公司都有各種管理設計變更的標準程序:如DCN(Design Change Notice:設計單位設計變更),FCN(Field Change Notice:工地設計變更),FCR(Field Change Request:工地要求設計變更)等。

個人也長年參與許多台北/高雄捷運工程。捷運工程設計變更也極多,但沒有人指責捷運局缺乏規劃能力或智能不足,也並不影響捷運完工後的正常運作。

核四特別不特別?

媒體曾指出核四是「舉世罕見特殊型核電廠」[3],真的如此嗎?台電身負提供「穩定可靠」的電力給全國人民及工商業者的重責大任。國人不能忍受「不穩定」供電,工業界,尤其是高科技業,對電壓、頻率穩定性的要求更是嚴苛。

---

[3] 遠見318期,2012年12月。

為求達到「穩定可靠」供電的任務，台電在新建電廠選擇機型時就極為保守。不用說是核能電廠，就是火力電廠，台電也不會將本身做為國外廠商任何新機型試驗的「白老鼠」。

　　以火力電廠而言，台電新電廠在正式招標前都要經過預審階段（PQ，Pre-Qualification）。預審的目的即是要將來有興趣投標的廠商提出證明，證明其在將來正式投標時提出的機型，必需在國外其他國家已有正式運轉實績（建廠中，尚未正式運轉的不算）。運轉時數也都規定要數千小時，並要提出可靠度資料。經台電審查通過，該廠商才有資格投標。

　　事實上核四所採用的進步型沸水式反應爐（ABWR, Advanced Boiler Water Reactor）在核四建廠前（20世紀）日本已有二部同型核電機組正式運轉，到目前運轉十餘年來績效良好，核四並不是「舉世罕見特殊型態核電廠」，目前日本已有四部同型機組完工運轉，另有兩部機組正興建中。

　　該媒體也批評核四儀控系統，指控台電將前三廠控制系統使用的類比系統（Analog System）改為數位系統（Digital System）。以電廠控制系統數位化而言，核能電廠實在落後於火力電廠。早期台電火力電廠控制系統也都是類比系統，但自從25年前開始規劃設計台中火力電廠1-4號機時，其控制系統已全面改為數位系統。

　　數位系統除俱備與類比系統相同即時顯示單一設備故障的能力外，並俱備早期診斷，預防設備故障造成停機或跳機的功能，對整體電廠運轉可靠性的提昇助益很大。

　　核電產業是一個十分保守的產業，在全球火力電廠已大量數位化時，核電廠還不太敢改用「新」科技，非要等到數位控制系統

在火力電廠驗證運作完全成功後才敢於採用。但日本同型核電機組
（ABWR）成功採用數位控制系統也是十幾年前的事了。台電在日本
運轉成功的核電數位控制系統的基礎上加以改進（數位訊號點數增加
20%），將可更全面掌控電廠運轉。

工期與預算

針對工期與預算，媒體也有以下誤導[4]：

一、核四是史上「蓋」最久的核電廠－歷時32年。但32年是由
　　1980台電提出核四案起算，但前20年完全浪費在政府「決
　　策」，核四真正「蓋」是1999年3月。當然核四因為各種因
　　素（最重要是即為2000年10月叫停），很不幸的到今日尚未
　　完工，但指核四「蓋」了32年也決不是負責的報導。

二、核四是史上最貴的核電廠。核四目前預算為2736億，假設媒
　　體報導預算將增為3300億為實，則核四建廠費用為美金110
　　億元。核四兩部機裝置容量270萬瓩計算，每瓩建廠費用約
　　為4000美元。目前各國對建核電估算都落於每瓩3000美元到
　　6000美元之間。核四並不是史上最貴的核電廠。

核四一再追加預算一事，仔細評估追加預算的理由：

一、原預算之裝置容量為2座100萬瓩機組，但招標時放寬機組容
　　量，最後得標機組為2座135萬瓩機組，裝置容量大了35%，
　　預算增加不到200億（約11%），實是賺錢生意。

二、因停工復工各種因素導致工期大幅延宕，以每日利息3000萬

---

[4]　遠見318期。

計，每年因延宕之利息支出即接近100億，工期延宕（很大原因在於2000年叫停）是預算增加的主因。

三、2002與2006年兩度全球原物料大漲，導致主要施工廠商倒閉，重新招標，工程預算大幅增加。這三點為預算增加主因，許多為客觀因素使然。

如依建廠預算3300億估算，媒體指出全國每人負擔建廠費用14000元，好像這也是核四不該建的原因之一。這也是許多反核人士的慣用訴求，意圖困惑一般民眾，但任何重大建設是否應該投資應先觀其效益而定。核四兩部機每年可發200億度電，以每度電3元計算，每年產值600億元，僅以運轉40年計，就將有2.4兆的產值，為全國人民創造的效益，每人超過100000元，這14000元的投資是否值得其實十分明顯。

由另一角度分析，每人負擔14000元，以電廠使用40年計算，每年負擔為350元。台灣每年進口能源費用1.5兆元，每人每年負擔超過60000元，相較之下，核四建廠負擔占全民每年能源負擔比例也很有限。

核四是拼裝車嗎？

作者於今年1月10日應立法院經濟委員會邀請列席蘇召委為核四計畫所召開的會議。會議題目很長：

邀請經濟部部長、行政院原子能委員會主任委員針對「核四廠十九個『地雷』後續檢討處理情形、102年度第四度追加預算修正投資總額之情事、核四廠百分百安全還要花多少？建多久？」進行專案報告，並備質詢。

列席者除經濟部長、原能會主委、台電董事長及幕僚人員外，並

邀數位擁核、反核社會人士，個人以社會人士身份受邀。當日登記發言委員共36位，實際出席發言委員共16位。會場可謂炮聲隆隆，除少數委員外，多數委員都是一面倒的反核，大多數發言者為民進黨籍立委，但也有一些反核之國民黨立委。

個人於會中曾受邀簡短發言，發言內容為核一至核三廠屆齡除役由火力發電取代對發電之成本衝擊（每年以千億元計）。個人在發言時並指出許多反核人士質疑核能每度電成本低廉是台電「做假帳」，但如果真是如此，在民進黨執政8年間早已揭發，不知有多少人要為做假帳而人頭落地。但實際上，核能每度電成本並未因政黨輪替有所變動。

在會中發現立委反核質詢有一半以上與當今媒體之指控相同。在會場中立委拿著遠見雜誌質詢部長／主委及台電董事長，包括：1、統包誤解。2、設計變更。3、核能災變。4、備用容量。5、台灣可以廢核。6、核四可以不運轉。7、儀控系統。8、建廠成本等等不一而足。這些其實都跟一般民眾的誤解與擔憂類似。

另外就是「拼裝車」說法：這點反核團體朗朗上口，是反對核四的主要訴求。但實際暴露的是其對工程的一無所知。當然此一誤解很大原因來自以為核一到核三是「統包」，核四不是「統包」所以是拼裝車。

其實核一到核三根本不是統包，其上百設備也是台電分別招標採買，由不同廠商所供應，是否也是拼裝車？火力電廠亦復如是建成，也都是拼裝車？

事實上，工程是否拼裝與是否統包毫無關係。台灣民營電廠因投資者多無建電廠經驗，多採統包方式進行。但得標之統包商除主設備由本身提供外，其他上百設備仍然以競標方式採購，也全都是反核人

士所謂的拼裝車。

　　為何這些電廠都是拼裝車但也運作良好？我們可以以日常生活大
家熟悉的室內裝潢為例。通常業主並無設計、採購、工程管理及監工
的知識，所以室內裝潢都由設計師統包完成。但以小小室內裝潢工程
都分為木工、水電工、玻璃、泥作不同工班，廚俱、衛浴、燈具、地
毯、壁紙也都由不同廠商購買進貨。連小小家庭裝潢工程都是將工程
「拼裝」完成。像火力電廠、核能電廠這種極複雜工程，其上百設備
由全球不同專業廠商提供，實為正常。這是所謂「專業分工」，也正
是全球大型工程營建的常態。

石威、奇異、伊梅特

　　另外有三個問題也是反核人士常質疑核四的問題，很值得特別
討論。

　　第1個問題關於台電所聘核四計畫工程顧問石威公司；第2個問題
關於核四反應爐供應商奇異公司；第3個問題關於奇異公司董事長兼
執行長伊梅特（Jeff Immelt）。

　　第1個問題：台電以「設計整合效能欠佳」為由，不再跟石威公司
續約，後來這家公司倒閉了，將來出事，倒閉的公司不會幫台灣負責。

　　這是反核人士對事件發展順序的誤解，倒因為果，張飛打岳飛，
張冠李戴的明證。台電於1996年與石威簽約，石威於2000年倒閉由
Shaw集團併購，台電轉與Shaw／石威重新簽約由其繼續提供顧問
服務直至2007年與該公司解約。所謂「不再跟石威公司續約，後來
這家公司倒閉了」，完全將事件時程顛倒，不知所云。Shaw／石威
集團，目前仍舊「健在」，目前正在中國大陸為浙江三門核電廠及

山東海陽核電廠提供顧問服務。該二核電廠均採用與Shaw／石威有合作關係之西屋公司AP1000型機組。所謂「倒閉公司不會幫台灣負責」，更是不知所云。

第2個問題：台電公司和主要供應商奇異公司發生履約糾紛，核四當了好幾年的「孤兒工程」，到99年才重新簽約。台電多次違法變更設計，被原能會處罰（原能會網站可查到開罰記錄），已經不是奇異原本設計的東西，將來出事，奇異也不會幫台灣負責。

這問題更為可笑，是完全不知工程實務者的「烏龍想像」。奇異公司及其下包商日立公司目前尚有近兩百名工程師派駐核四工地，目前核四工程正處於試營運（Pre-Operation Test）緊鑼密鼓階段，待一切就緒，預計明年將向原委會申請裝填核燃料，之後反應爐的性能測試（Performance Test）等重頭戲才要展開。如果奇異公司的反應爐達不到規範的規定，奇異公司還要面對合約罰則。奇異公司必將卯足全力使反應爐達到最佳狀態，並符合功能測試標準以免受罰。所以說奇異公司因台電變更設計，撒手不管，也更是不知所云。

第3個問題：奇異執行長伊梅特曾公開表示：核電的成本比其他能源高出許多，「很難」為它辯護。

這個問題倒十分有趣，反核人士將目前奇異公司總裁伊梅特都搬出來了，以為這下王牌都打出來了，擁核人士還有什麼好說的。這題目倒要由奇異公司和伊梅特的背境說起。奇異公司是一個極大的公司，公司分為許多「事業群」，不但製造發電設備，也製造飛機引擎，又經營財務事業（GE Capital）。各事業群總經理都嫻熟其本身業務，但對其他事業群業務就不見得了解。2001年奇異傳奇董事長傑克·威許（Jack Welch）退休，將奇異公司董事長一職交給伊梅特。

伊梅特在昇任集團董事長前，擔任奇異醫療事業群（GE Medical）的總經理，對能源事業基本上是門外漢，也因此鬧過不少笑話。

伊梅特剛上任，就發表高見，認為能源事業群太不長進，多年來「發電效率」進步太緩慢了，不像醫療設備（如核磁共振設備）進步神速，經常推出新產品。伊梅特並不了解提昇發電效率重點在提高蒸汽溫度，而蒸汽溫度又受限於材料科學，比方如何將目前可耐600℃之材料進步為可耐700℃（成本還要低廉）。但材料科學的進展可不像電子產品，而是要以十年計，此外電廠投資都是數百億元，建成後要運轉三、五十年，可不像手機可年年換新。

試問奇異在伊梅特主政十年，其發電設備效率有否「突飛猛進」？擔任奇異公司董事長並不表示懂得公司各事業群全部業務。

奇異公司另一產品為風力發電機，伊梅特對此一事業倒是情有獨鍾，大力鼓吹「綠能」，十分合歐巴馬總統胃口，歐巴馬還請他擔任白宮科技顧問。但伊梅特這種獨鍾綠能的偏好，也為有識者所訕笑。華爾街日報就很不客氣的對此有強烈批評，並指出在伊梅特瞎指揮之下使奇異股價在其上任後跌了50%。伊梅特對能源事業不是很了解，在全球目前有近七十部核能機組正在興建中的現實下，他對「核能」的發言，大家抱著「聽聽就好」的態度即可，實在不必過於認真。

澄清反對興建核四的六大理由

德州大學陳謨星教授提出了反對核四的六大理由[5]，經常被反核團體引用，也值得予以探討：

---

[5]　www.wetland.org.tw/subject/other/4/electricity.htm

一、核四成本最便宜？

第一的質疑是：為配合核能機組運轉，其他電廠必須停機，使發電成本及效益變差。

此質疑聽來不無道理，發電成本基本上分為固定成本（每度電分攤的建廠成本）及變動成本（燃料費用及運轉維護費用）。如果某一機組為「配合」核能機組運轉而停機，每年發電度數減少，每度電分攤的固定成本就會增加，這就是陳教授的論點。

我們仔細研討一下。目前台灣總電量中核能、燃煤、燃氣幾佔95%。表5-1為2011年台電自有電廠（不含民營電廠）這3種發電方式每度電的成本（單位為元）及容量因數（每種電廠每年發電時間佔比）。

表5-1　2011年核能、燃煤、燃氣發電成本比較

	核能	燃煤	燃氣
固定成本	0.06	0.10	0.25
燃料成本	0.15	1.41	2.78
運轉維護成本	0.31	0.17	0.17
除役成本	0.17	0	0
總成本	0.69	1.68	3.20
容量因數	90%	85%	48%

台電以核能電廠及燃煤電廠作為基載電廠的原因由表5-1的成本分析一目瞭然。因為燃氣發電的燃料成本實在太貴了，每度電單單燃料成本就高於核能及燃煤發電的總成本。這就是為何氣價高的國家都以核能、燃煤作為基載機組，而以燃氣作為中、尖載機組。

假設今日燃氣電廠也以90%容量因數運轉，則其固定成本可降為

0.13元，總成本可降為每度電3.08元，還是遠高於核能與燃煤成本。實在說不上台電將核能作為基載而犧牲燃氣電廠，因而造成核能發電成本低廉的假象。

第二個論點是：抽蓄電廠是為核能電廠而興建，其效率損失算在水力發電頭上，造成核能成本低的假象？

台灣今日因基載電廠（核能、燃煤）裝置容量不足，台電在夜間是以燃氣電廠作為抽蓄發電的電源。抽蓄發電如今全年容量因數不足10%，已無儲能功能，只單單作為電力調度之用[6]。

抽蓄發電目前已失去原先儲能功能，其運轉效率與核電完全無關。陳教授的的第二的論點也不成立。

第三個質疑是以美國核電成本為例，質疑台電核電成本不實。個人實在覺得可笑，但質疑台電作假帳降低核電成本的人士也不在少數。

但試想民進黨是強烈反核政黨，甚至黨綱中都有非核條款。如果台電真的作假帳，在陳水扁擔任總統八年間，早已抓出，不知有多少人要人頭落地。但台電核能發電成本並未因政黨輪替而改變。

由另一個角度來思考這個問題，台電收入是由售電而來，賣方只有造假抬高成本，以提高售價，對其營收才有利。豈有賣方作假帳，刻意壓低成本，以降低售價做虧本生意之理？

今日台電核電每年發電400億度，只要每度電調高1元，每年就有調高電價400億元的正當理由，宣稱台電作假帳刻意壓低核電成本的人不知是何種思維。

6　詳第九章〈抽蓄電廠為何停擺〉。

二、不建核四不會缺電

陳教授指控台電天然氣發電廠發電效率只有35%，國際技術已達60%，只要將天然氣發電廠改為高效率機組，可取代核四的發電量。表5-2為過去15年台電新完工燃氣複循環機組的效率。

表5-2　台電複循環燃氣機組效率

機組	商轉年份	效率（LHV）（%）*
興達 #1-5	'98/'99	55.25
南部 #4	'03	55.06
大潭 #1-2	'06	55.46
大潭 #3-6	'07/'08	57.56

*如加回廠用電，效率可再提高約2%

由上表可知台電燃氣發電機組效率與世界最先進機組並駕其驅，以最新完工的大潭#3-6機組而言，若加回2%廠內用電，效率也近60%。

三、核四不能解決電力南北失衡問題

陳教授建議廢核四，而由十個小型電廠取代解決南北電力失衡問題，但這種建議可行嗎？今日一個深澳電廠都因居民反對，停滯七年寸步難行，如何找到適合廠址興建十個小型電廠取代核四？

今日全球各國電廠越建越大的原因在於「經濟規模」，電廠越大，每單位（以瓩計）的建廠成本越低，越可以提供廉價電力，電廠越建越大是國際趨勢。

四、為何日韓仍用核電

陳教授並指出日韓因電力自由化不足所以才用核電，又說日本電價是世界最貴的，這個論點也頗為不知所云。目前全球有18個國家，

共有68個興建中核能機組。其中有中國、俄國、印度等陳教授所指「電力自由化」不足的國家，但也有美國、英國、法國、芬蘭等歐美先進國家。

日本是電力最貴國家也是誤導大眾。在311核災前，核能提供了日本30%電力，當時日本電費約為台灣2倍，但勿忘歐洲平均電費為台灣4倍，德國在廢核後電費更是急速攀升。

日本今日核電幾乎全停，電價也因而暴漲，倒是事實。

五、核廢料不能解決

低階核廢料全球有近百貯存場運轉中，陳教授指的應該是高階核廢料。美國核武廢料應屬此類，美國核武廢料貯於新墨西哥州，儲存場之鹽礦床2億年未受擾動。

用過核燃料如經再處理，可取出許多可再使用的核燃料，但因有核武擴散疑慮，是否再處理，極多辯論。但許多國家實在不捨將其永久處置，目前各國傾向將其於核電廠就地作乾式儲存（如我國核一、二廠），保留將來彈性。

核廢料問題並非不能解決，本書第四章有兩篇文章討論高階核廢料處置。

六、對台灣核安無信心

我國核電廠運轉績效十分優良，在國際中屢受讚許，2011年容量因數為全球第二。台電核電初運轉時，每年「跳機」屢屢上報，但2010與2011年，「跳機次數」甚至降為零，顯示運轉績效大有進步。

經仔細分析，陳教授反對核四的理由其實完全不能成立。

〈核四論〉[7]及台電之說明

　　核四論為林宗堯先生之大作，為反核人士經常引用的重量級文獻，台電也十分重視，曾正式提出報告說明，僅全文刊出以供讀者參考與自行判斷。

　　核四論之重點：核一至核三延用成熟標準，採取統包，核四採分包界面整合困難、無知名及具豐富經驗顧問公司、核四設備老舊（工程延宕十年）為十年前設計。核四運作非常困難、人才少、核安督導層級降低，難以監督複雜核四。

　　台電說明：

　　核四安全監督委員會林宗堯委員於100年7月25日提出「核四論」，計有「一、理念及規劃」、「二、設計」、「三、設備」、「四、施工」、「五、試運轉測試」、「六、完工日期」、「七、原子能委員會」、「八、核四安全監督委員會」、「九、法規程序與實質品質」、「十、核二／核三與核四安全度比較」、「十一、結論」、「十二、他山之石－韓國」及「十三、附件」等13個章節：

　　其中除了第七、八章等項涉及原能會權責，第十一、十二、十三章屬於附錄性質等章節不宜由台電回應之外，其餘章節所提的議題，台電逐條說明如下。

　　1、理念及規劃：

　　「核四論」提到「設計出舉世罕見之特殊核電廠」之說明：

　　核四廠並非特殊型電廠，所採用的「進步型沸水式核反應器」在

---

[7]　e-info.org.tw/node/69036

國際間已運轉的有日本柏崎刈羽6、7號機、志賀2號機及濱岡5號機，共4部機；建造中的有核四2部機、日本大間1號機及島根5號機，共4部機，是世界上進步型核能機組陣容最整齊，也是目前唯一有商轉實績的機型。

2、設計：

「核四論」提到「特殊電廠，設計不易，而顧問公司亦較薄弱……台電已逕行與顧問公司解約並依法進行仲裁，已無原設計公司支援」之說明：

（1）「核四論」所指解約的顧問公司是石威公司，該公司負責核四廠的電廠配套系統設計與全廠設計界面的整合工作。石威公司的前身是美商石偉公司，是歷史悠久且著名的顧問公司，曾有18座核能機組的設計經驗，核能工程設計經驗豐富，但後來因財務問題聲請破產保護，而由Shaw集團併購後成立石威公司接續執行相關工作。

（2）Shaw集團接手後頻頻要求台電修約，考量石威公司進度落後，且對於施工需求的配合度不高，無法滿足台電的需求。於是考量石威公司所負責的電廠配套系統的設計工作已大部分完成，界面整合與配合施工需求的設計修改與調整工作不宜再拖延，所以在96年與石威公司終止契約並另外委聘國內益鼎公司與美商URS公司接手進行後續的工作。

（3）核四廠最重要的核反應器與核島區配套系統，都是由美商奇異公司設計及供應設備，因此仍有原設計顧問公司在負責。

3、設備：

（1）「核四論」提到「台電自行開立設備規範，依政府採購法

規，公開招標。然因法規限制，規範失誤，價格偏離各國廠商考量等，諸多因素，設備採購不順。…導致工序紊亂，工程進度無期」之說明：

A、所有設備採購技術規範的訂定，都是由負責設計的廠家，根據業主（台電）要求、工業標準、法規規定及設計準則等研擬，並經台電審核同意後，才由台電採購。

B、核四廠的電廠配套系統設備很多，都是由石威公司設計，由台電採購，而核四廠建廠時受到「政府採購法」的限制，各項設備採購規範的編寫與採購程序花費很長時間，以致於各項設備無法依照正常的施工順序進行採購，也造成顧問公司在整合上遇到較多困難，需要比較長的時間，甚至有二次施工的困擾。

C、除了採購的問題之外，停復工及履約爭議也是核四過去工期展延的外在因素，而台電公司受到各種內外在因素的影響也付出了代價，未來會更加積極控管改善並吸取經驗修正後續2號機的相關工期控管。

（2）「核四論」提到「順利得標之設備，因工期延宕，形同過早抵廠…其保固期效亦已過期」之說明：

A、由於核四歷經多次展延，外購設備保固期限已過期，經與廠商協商後，部分廠商不願展延保固，另有部分廠商要求高額費用才同意延長保固期限。

B、由於廠商依據合約仍需負責設備功能與性能保證，台電經通案評估，改採購買備品的方式，比延長保固期的方式更為有利。至於最主要的儀控系統，奇異公司則同意

提供延長保固服務。

（3）「核四論」提到「核四儀控系統，訊號點近四萬個…分由三個不同商各自分包。其界面衝突，準確性及穩定性，著實難料」之說明：

A、核四廠全面採用數位化的儀控系統，而核一二三廠的系統是類比系統。由於全球微電腦的普及化，而類比系統大都已逐漸淘汰不再生產，數位化儀控系統是全球趨勢。

B、核四廠因全廠整合資訊集中，控制員操作畫面也增加較多的顯示及故障診斷功能，所以硬體連接訊號點約35,000個，多於日本ABWR電廠約28,000個，儀控系統的規模較為龐大複雜。

C、數位式儀控已廣用於火力電廠與一般工業界，工業界已有整套完整的驗證與確認方法，包括功能規範、硬體設計規範、軟體設計規範到程式編寫，以及工廠測試及現場測試。

D、核四的要求更為嚴格，不但涉及安全的軟體必須另外執行軟體安全分析，整個驗證的過程需由獨立的單位執行審查，台電更進一步委託美商MPR公司協助執行業主方面的驗證與確認。

E、核四廠儀控系統分為安全2大區塊及非安全1大區塊，共3部分。由奇異公司依專業分工分為不同廠商設計與製造設備，再由奇異公司負責整合設計並執行三個區塊的整合測試，以驗證及確認系統的功能，再擔負整個系統的保固責任。

F、由於核四的儀控系統較為龐大複雜，因此預期執行現場整合測試所需時間較長，也必須詳細進行驗證與確認。

G、核四廠的數位儀控系統萬一失效時，尚有傳統接線方式做為後備系統獨立執行安全停機，不需要經由網路聯結，可確保運轉安全。

4、施工：

（1）「核四論」提到「核四施工前半期，工地主任竟毫無核電廠施工經驗」之說明：

核四計畫施工前半期，和一般電廠的建廠工程相同，需進行整地和廠房（含基礎工程）施工，是以土木工程為重心，所以工地主任是由具有核能電廠施工經驗及土木專長的同仁擔任，而且參與核能建廠的員工，在工作之前都必須經過核能訓練。

（2）「核四論」提到「由各承包廠商自行品管，核四品管退居二線，且無外部獨立之品保監督」之說明：

A、核四工程品質查證體系是由施工承包商負責第一線自主檢查；台電由龍門施工處對施工承包商進行業主審查、檢驗、查證⋯等作業，屬於第2層監督；台電再由核能安全處駐龍門工地品保小組對施工承包商及龍門施工處執行審查、巡查、稽查⋯⋯等第3層獨立品保監督作業以確證品質。

B、基於以往施工品質的檢驗經驗，核四的土木與機械安裝品質應屬可靠，只有儀電安裝的部分，由於廠商的因素使得導線管的安裝與相關接線的工作出現問題，即使辦理相關的改善工作需要增加7個月的工期，台電仍決定進

行纜線檢整工作並予以完成，以確保安全。

5、試運轉測試：

「核四論」提到「核四廠為特殊廠，並無標準程序書可資沿用。而由台電毫無核電廠實務經驗之新進人員自行編寫」之說明：

A、核四廠的試運轉程序書是參考日本志賀電廠，以及核一廠、核二廠的試運轉程序書來編寫，也同時參考設備廠商奇異公司提供的試運轉測試規範、終期安全分析報告、系統設計敘述、各廠家說明書與各類圖面。

B、核四廠共有71名出國受訓的資深幹部與10名較資淺的同仁參與編寫程序書作業。由資深同仁撰寫程序書編寫指引及範本，提供所有編寫的同仁參考遵循。當年核一、二、三廠建廠時，顧問公司也是召募了許多年輕尚無核能電廠運轉測試實務經驗的工程師參與程序書編寫。

C、所有程序書須先經過龍門電廠運轉審查委員會審查同意，再送台電核安處品保小組與試運轉審查暨協調委員會共同審查同意與簽署後，程序書才可正式發行。主要設計廠家如奇異公司、益鼎公司與美國URS團隊、日立、三菱重工等也都會派員參與試運轉審查暨協調委員會，共同審查。

D、對於試運轉結果報告的審查也是循上述相同的程序進行。

6、完工日期：

「核四論」提到「台電不知核四廠完工日期，亦無能力估測」之說明：

（1）台電已與日本東芝公司簽訂合約，共同制訂1號機系統施工與試運轉的排程，以作為各系統施工移交及試運轉等內部

進度控管之用。未來2號機的試運轉將吸取1號機的經驗訂定控管的目標。

（2）台電於99年初成立聯合試運轉之排程小組，安排各項施工及測試時程，並據以追蹤實際進度。但是因為各項工作的進度常會受到一些不確定因素的影響，所以即使完成工程進度的規劃，之後仍需配合工程執行的狀況進行動態調整。

（3）日本福島核災事件後，為了加強核能安全，本公司積極進行各核能電廠的安全總體檢，核四的總體檢評估將於100年底完成。本公司將於總體檢完成後，視所需強化改善的工程規模重新檢討具體可行工期，再將計畫工期修訂陳報政府核定。

7、核二／核三與核四安全度比較：

「核四論」提到「核四之安全度及穩定度，比較於核二／核三，相差遠甚」之說明：

核四廠的安全性可以從廠址條件最為優異、採用的設計最為先進、嚴格的品質驗證與管理等3個層面說明。

（1）核四廠擁有國內最優異的廠址條件

　　A、是國內距離斷層最遠的一座核能電廠，最接近廠址的活斷層為山腳斷層，位於廠址西北方40公里處。廠址附近的枋腳斷層為死斷層。

　　B、廠址南方約60公里處的龜山島雖有海底地熱冒出口，但屬於「熱泉」，不是火山，不致於造成電廠安全顧慮。

　　C、廠址高程12公尺，遠高於建廠時推估的最大海嘯溯上水位8.07公尺。

D、後備緊急電源及生水池設於廠址更高處，更不會受到海嘯侵襲。

（2）核四廠採用最先進的設計、多重防護及防災應變能力

　　A、採用美商奇異公司的「進步型沸水式反應器（ABWR）」，是國際最先進設計。

　　B、具有多重冷卻、緊急電源防護與防海嘯、耐震等防災應變能力。

　　C、地震或緊急狀況發生時，可即時將反應器停機，並確保有足夠的冷卻水淹蓋爐心，有優越的事故預防能力。

　　D、可及早終止爐心的熔損，並儘可能維持圍阻體的完整性，以降低放射性物質外釋，有多重的事故緩和能力。

（3）核四廠建廠工程經過嚴格的品質驗證

　　A、已建立完整的安全管制作為。

　　B、遵循我國原子能法、美國核能法規及各種工業法規的要求進行品質驗證，完成試運轉測試且安全無虞，並經原能會審查同意後，才核發裝填燃料許可；逐步提高功率分階段進行起動測試，確定各階段測試安全後，再經由原能會審核後取得執照。

　　C、相關驗證措施包括：委請獨立之驗證機構（ANI）確認設計品質；執行現場履勘與施工後測試；邀請世界核能發電協會（WANO）組團到核四廠進行評估。

　　D、因應建廠期程較長，已採取相關措施確保設備品質及功能。

廢核四改火力？虛擲三兆產值？

近日廢核四的言論甚囂塵上，不僅主委提出改建核四為火力電廠，不少媒體也同聲附和。

核四是何等重大的投資案，台電是國營企業，資產為國民共有。廢核四的損失不是一個公司的損失，而是全民的損失。核四建廠預算目前約2700億，到完工可能超過3000億，超過台北捷運總經費5500億之半。廢棄核四之建議有如在台北捷運建設完工後，一半路線（80公里）廢棄不用。

核四的經濟效益可以由其售電收入作為指標。目前台電在第一階段電費加價後還是面臨鉅額虧損。要台電損益兩平，目前電價至少應漲為每度3元。核四兩部機每年約可發電200億度，以每度3元計，每年售電收入為600億元，以國外核電廠多已延役為60年計算，在核四60年服役期間，可為全國人民創造3.6兆的產值。今年建廠費用3000億元看起來無比龐大，但與核四未來產值3.6兆相較，還不到十分之一。許多建議廢核四的人士恐怕連這基本數字都不了解。

也有人建議將核四改為燃煤或燃氣，針對這種建議，台電也有所說明[8]：

1、核四廠用地徵收目的是當作核能電廠用地，如要變更用途，需廢止徵收，先把土地還給民眾，再重辦徵收，困難度相當高。

2、不管燃煤或燃氣廠發電系統蒸汽壓力與溫度都相當高，但核四廠的壓力與溫度相對較低，現有設備多數無法使用，改建

---

[8] 台電公司102年5月3日新聞稿。

等同要重新設廠。

3、東北角受天候影響，無法設天然氣接收站，只能從西部海岸拉設100多公里長的管線輸送。由於東北角屬珊瑚礁海岸，海底管線鋪設工程相當困難；若走陸地，管線會經過人口密集地區，路權取得困難；若走海岸線，風險相當高，不管是那一種方式，成本、時程都是問題。

4、如果改燃煤廠，須建設卸煤碼頭，由於東北角海岸有80%都在東北角特定保護區範圍內，要做卸煤碼頭困難度高；另外，如果改建燃煤電廠，也需要當地民眾能接受。

5、改建要重做環評，從規劃到完成至少要12年，短時間內無法彌補核四停建的電力缺口。

6、核四廠附近沒有工廠需要蒸汽，改為汽電共生廠，所產生的蒸汽的去處也有問題。

廢核四改火力根本不可行。

廢核四？陷台北於黑暗？

上篇由經濟面討論了廢核四。本篇將由供電面討論為何廢核四不可行。

台灣電力系統總裝置容量約4100萬瓩，位於北部地區（新竹、花蓮以北）共有10個電廠（台電6，民營4），裝置容量共1355萬瓩，佔全台總裝置容量33%。但北部地區人口（北市、新北市、桃園、新竹、宜蘭）近1000萬人，佔全國人口40%以上，工商業也極為發達，所以北部地區一直是處於供電不足而需由中南部供電的形勢。

北部地區又因地形以陽明山、淡水河、大漢溪為界分為北東、北西兩供電區（詳圖5-1及表5-3、5-4）。

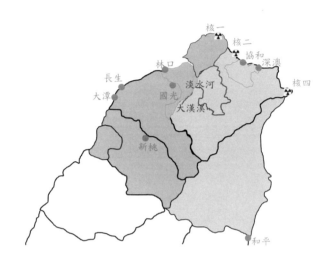

圖5-1　北台灣電廠 [9]

表5-3　北東區電廠

電廠	燃料	裝置容量（萬瓩）	除役時間
核二	核	197	2021/2023
協和	油	200	2017-2023
深澳	煤	0	2009
和平（民）	煤	130	
總計		527	

表5-4　北西區電廠

電廠	燃料	裝置容量（萬瓩）
核一	核	127
林口	煤	65
大潭	氣	438
長生（民）	氣	90
國光（民）	氣	48
新桃（民）	氣	60
總計		828

　　整個台北市、宜蘭縣及小部分新北市人口屬於北東區，在陽明山、淡水河、大漢溪以東的四個電廠，總裝置容量為527萬瓩，主要供電北東區。北東區最主要的供電範圍就是首善之區的台北市。大部分新北市人口及全部桃園、新竹則屬於北西區，在陽明山、淡水河、大漢溪以西的六個電廠，總裝置容量為828萬瓩，主要供電北西區。

　　但北東四電廠中深澳已於四年前除役，協和將於2017年開始除役，核二2部核能機組也將在運轉40年後於2021，2023年除役。目前四座電廠在10年後將只剩和平電廠（130萬瓩）獨撐大局，電廠裝置容量只剩今日25%。

　　台電原規劃在深澳廠址新建2部80萬瓩的燃煤超臨界機組及核四廠2部135萬瓩機組共430萬瓩，勉強替代將陸續除役3電廠的裝置容量。但深澳電廠因煤碼頭問題延宕七年遲遲無法動工，若核四廠兩部機在完工後也不予商轉，則在十年後將只剩和平電廠供應北東400萬人用電。

　　目前南電北送輸電幹線之可靠供電能力不過200萬瓩，遠不足以提供廢核四的龐大供電缺口。電網間連線如有偶發事故，北東電網將有電壓崩潰之危機，導致台北市全面性大停電（有如著名的紐約市大停電）。

不建核四不漲電價？？歷史回顧

　　中天電視台曾邀請了台電黃董事長等六位人士辯論核四議題，這是到目前為止最為重量級的核四辯論，但一如所料，反方意見是錯誤百出。本篇只討論不建核四是否會缺電及電價是否會上漲的問題。

　　反方的論點是

1、二十年來台電「恫嚇」百姓不建核四會缺電，但二十年來核四未發電，台灣也未缺電。

2、電價因建核四而漲價，不建核四反而會降電價。

　　僅由反方第一個論述而言，其實不無道理，但第一個論述和第二個論述應一併討論才能看出核四的重要性。

　　本書重點是討論如何提供廉價電力以增進我國競爭力及人民福祉。能提供穩定低廉電價的電廠即稱之為基載電廠，以我國而言，提供電力超過90%的三種發電方式中，核能、燃煤即為基載電廠，燃氣發電極為昂貴（每度電發電成本較核能貴5倍，較燃煤貴2倍）只適合作為中、尖載電廠。但不幸我國因環保團體長期反核反煤，造成基載電廠極為不足，只好以極為昂貴的燃氣機組提供基載電力，造成今日電價飛漲。

　　作者也常以米、麵形容核能燃煤發電而以牛排形容燃氣發電。不錯，三者都能果腹，但牛排價格過於昂貴，不是每個家庭可以天天作為主食，否則因為花在食材上的費用太多，必然排擠其他消費。

　　台電說不建核四會缺電是有些語病，台電如果說不建核四會缺能提供廉價電力的基載機組就完全符合現實。

　　假設政府告訴人民說不種稻、不種麥將來糧食會不足，反核人士的論點就是「不見得」，因為不吃飯、麵也可以吃牛排，所以不會缺

糧。由這個角度而言，不建核四「不見得」會導致缺電，因為仍可興建每度電較核能貴5倍的燃氣電廠來供電，並不會缺電，但這是正確的能源政策嗎？反核人士的兩個論述應一併討論方可看出核四的重要性。

圖5-2即為將2010年核能、燃煤（基載電廠）兩者的發電度數與發電成本相加與燃氣發電的比較，由圖可看出燃氣發電度數不到核能加燃煤的一半，但發電成本卻高於兩者之和。

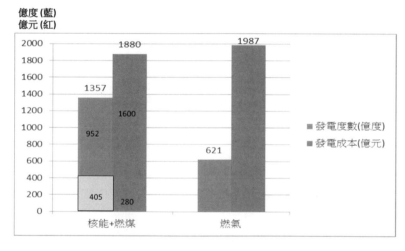

圖5-2 2011不同燃料發電度數及成本 [10]

目前電價高漲的主要原因之一就是因為我國基載電廠不足，必需動用極為昂貴的燃氣發電來提供基載電力。假設我國基載電力充沛，可提供80%的電力，我國2010年發電成本將會降多少？

---
[10] 彩圖頁為P.248。

這有兩種可能，情境二是在80%中核能佔40%（完全可能，20年前核電佔總發電量就超過4成），另外40%由燃煤發電提供。情境三是核能發電維持20%（2010實績），但燃煤發電提供另外60%的基載電力。

圖5-3即為三者的比較，最左邊情境一為2010發電實績及成本，中間為情境二的發電度數及成本，右圖為情境三的發電度數及成本。

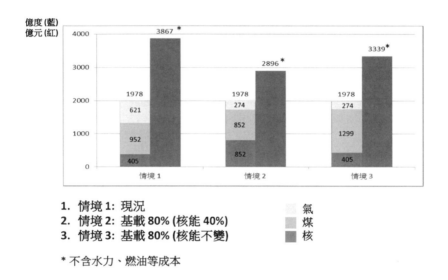

1. 情境1: 現況
2. 情境2: 基載80% (核能40%)
3. 情境3: 基載80% (核能不變)

* 不含水力、燃油等成本

圖5-3　2011三情境成本比較 [11]

由圖5-3可看出與現況相較，情境二每年可省發電成本1000億元，情境三每年可省500億元。不錯，20年來未建核四也未造成我國缺電，但因反核團體反核之故，我國目前付出的代價是每年1000億元，相當於每個家庭（3人計）每年分攤13000元發電成本，其中20%

---
[11] 彩圖頁為P.249。

反映在家庭用電帳單，20%反映在物價上漲（商業用電），另外60%反映在工業失去競爭力導致工廠倒閉及產業外移，失業率增加。

不建核四電價不會上漲嗎？

公投無厘頭

年初剛聽到政府提出核四將進行公投，就心中一震。政府是怎麼了？行事為何屢屢出包？核四付諸公投是好主意嗎？個人深感這是政府在能源政策上的又一重大失誤，公投實在是個餿主意。

核四紛紛擾擾已數十載，但很根本的原因就是一方面核能是十分艱深的議題。另一方面能源又是極為貼近日常生活，太多「專家」指手劃腳，放言高論。媒體一方面對門檻很高的核電議題知識不足，辨別是非能力薄弱，另一方面又天生喜好負面消息，因為「Bad News is Good News」- 壞消息才是新聞，所以只見各類媒體充斥有關核電負面消息。多年來在這種社會背景之下，誤導了社會大眾。個人常自忖，若不是身為能源界人士，對能源、核能有深刻了解，如果只是經由台灣媒體汲取養分，必然也會對核四充滿疑慮。

政府本來就是高度專業分工，各部會各司其職。政府組織中多的是能源、核能專業人士。政府遠較一般媒體或百姓有更多的正確資訊及專業能力，自當依此制定並執行正確政策，領導國家邁向正確方向。政府難道不知道核四對國家的重要性？當然知道，否則政府今日不會卯足全力，在明知可能會流失選票的嚴峻現實下，仍然大力推動核四。

一個負責任有擔當的政府，在面臨有重大爭議的政策時，應以確保國家最高利益為前提，承擔政治責任，推動正確政策。不思此正

途，而將攸關國運的核四議題交付長年受誤導，不知能源政策利害關係的一般大眾公投，實為失策。

公投結果只有兩種可能。政府目前負面提問自然是希望公投人數未過門檻，核四可續建。但誰能確保公投人數會低於有效門檻？萬一投票人數眾多，公投成立，豈不是要立即停建核四？政府明知核四極為重要，竟然冒險一賭，豈不是將國事當兒戲？萬一公投通過，政府要如何自處？如何收拾這一爛攤子？

公投結果另一種可能是投票人數未過門檻，但逼出數百萬反核民眾投票，核四雖續建，反核運動決不會就此罷休。

不論是何種後果，都無法如政府當初推出公投所一廂情願的希望能經由核四公投「解套」，「卸責」，因政府領導國家責無旁貸，無從卸責。今日為了公投，總統、院長、相關部會首長不知要放下多少其他公務，應付此一重大挑戰。也不知要動用多少政治資源，鞏固黨籍立委。眼看政府還得要空轉半年。另一方面反對黨一路收割政治資源。社會上恐有相當人數的「中間選民」因核能爭議在未來重要選舉時轉向投票。核四公投有百害無一利。

第四章曾提及加州大學穆勒教授〈Energy for Future President〉—《給未來總統的能源課》一書，穆勒教授一書目的即在對美國總統提出建言，該書最後一段十分發人深省，茲翻譯於下：

> 歷史將不會以「短期印象」來評價您，歷史將會以對國家的「長期貢獻」來評價一位總統。每位總統都會有壓力傾向於採取短期討好但對國家長遠發展將造成災難的政策。要確保您在歷史上的正面評價，您必須要有遠見，相信科學和客觀的分析

並以國家長遠利益為考量。您的任務不但要執行正確政策，還必須要教育民眾，讓他們了解您的政策是正確的。對能源議題的了解，對您將是一項資產。祝好運！

讀完穆勒教授在書末的忠告，實令人感慨萬千。穆勒教授強調「長期利益」，強調「領導能力」，強調「教育人民」。不錯，這都是偉大領袖的特質，民意如流水，如果依「民意測驗」決定國家政策，只能說是一位追隨者而不是領導者。追隨搖擺的民意將使國家政策也搖擺不定。在廢核辯論中，前總統李登輝對攸關國運核能政策的發言，顯示出卸任總統的高度。

回顧民進黨執政八年間，除第一年發生停建核四事件，之後也繼續進行核四工程，蔡英文擔任副院長時，還督促核四加緊趕工，充分表現當家不鬧事的心態。反觀今日民進黨因不必負行政責任，全黨卯足全力反對核電，一心只想鬥垮國民黨，重新執政，不顧國家人民福祉。試問搞垮國家取得政權又有何意義？

核四公投、箭在弦上，政府不宜以公投人數「未過門檻」作為核四之戰的戰略目標。政府應趁此機會，強力動員輿論及媒體，傳播正確訊息。教育人民正確能源／核能知識，力挽數十年來反核狂瀾所造成的錯誤認知。只有如此，才能確保我國未來能執行正確的核能政策。

第三篇
環保爭論

第六章　暖化迷思

高爾的真相——英國法庭判決

　　如前所述，核能電廠所發的電力佔總發電量的20%，其他70%以上的電力來自火力發電，我國今日火力發電結構也出了大問題。不只是核電廠，興建火力電廠同樣也困難重重亟待克服。

　　因「節能減碳」政策造成的反煤氛圍，使得我國燃煤發電落入與核能發電一樣滯礙難行的命運。在核電、煤電都寸步難行的形勢下，我國電力結構已形成燃氣電廠一枝獨秀，其裝置容量大於燃煤及核能這兩種基載電廠的極不正常形勢，我國國家競爭力將因電力價格飛漲而一洩千里。

　　針對全球暖化與能源議題之間的衝撞與抉擇，最具權威的就是聯合國IPCC（Intergovernmental Panel on Climate Change）所出版的報告，但2007年IPCC出版的第四次報告，超過3000頁，以極小字體印行，真有精力和專業素養閱讀全本報告的專家可說少之又少，更不要提一般民眾了。

　　在這種情勢之下，許多「簡化」的論述就應運而生了。有些論述十分危言聳聽，語不驚人死不休，將全球暖化描繪為世界末日即將來臨，但這一類資訊充斥坊間，不但新聞界及一般民眾多從其中「學

習」到全球暖化的威脅，就是政府官員民意代表也不例外，許多國家政策竟基於這一類錯誤訊息，實為可怖。這一類的論述，以美國前副總統高爾「不願面對的真相」一書為指標，該書還拍成紀錄片獲得奧斯卡獎，高爾本身也因本書而與IPCC同獲諾貝爾和平獎。

這部影片有問題嗎？

在高爾影片問世不久，英國政府就決定將其做為教材，在英國小學播放。這下可惹惱了許多知道該影片錯誤百出的家長，其中一位就一狀告上法庭，英國法庭在咨詢許多專家意見後，由主審法官Michael Burton於2007年10月10日宣判高爾的影片有九大謬誤。細讀高爾大作，其中提出「暖化威脅」的論點不過十餘項，其中九項為英國法庭判定為錯誤，全書的可信度及其立論為之動搖。

英國法庭判高爾一書之九大錯誤如下：

1、高爾：暗示百年內海平面將昇高七公尺，造成全球數億難民。
　　法庭：海平面昇高七公尺是一千年後的事[1]。

2、高爾：一些太平洋島民因海平面昇高而移民紐西蘭。
　　法庭：經調查並無此事。

3、高爾：全球暖化將造成大西洋輸送帶停止運作，而使西歐回到冰河期（「明日過後」影片）。
　　法庭：IPCC報告指出此事極不可能發生。

4、高爾：依65萬年來紀錄，大氣二氧化碳（CO_2）增加造成全球暖化。
　　法庭：高爾所展現的圖表無法證實他的論述。

---

[1] 　依聯合國IPCC報告，百年後海水可能上昇18-59公分。

5、高爾：坦桑尼亞Kilimarjaro之冰河及積雪因全球暖化而消失。

　　法庭：無法證實與全球暖化有關。

6、高爾：非洲之查德湖因全球暖化而乾涸。

　　法庭：與暖化無關，主因最可能為人口增加及濫墾所致。

7、高爾：卡崔納颶風因全球暖化而產生。

　　法庭：並無證據可證明卡崔納颶風與全球暖化有何相關。

8、高爾：北極熊因長距離游泳（因北極冰消失）而淹死。

　　法庭：北極熊因北極暴風雪而淹死。

9、高爾：全球暖化造成珊瑚白化。

　　法庭：無法證實，也可能因為過度捕魚及人口增加所致。

　　高爾論述遭法庭駁斥一事在國際上眾所週知，在網路中極易查得，但十分奇特的是，我國媒體極少報導，所以國人到今日還為其論述所蠱惑，今日對暖化的過度恐懼深深的影響了我國的能源政策。

誇張的海平面上昇

　　在暖化對人類造成的災害中，最為怵目驚心的就是各媒體上經常有所謂的「海平面上昇」所造成重大災害的報導。聯合國IPCC所出版針對暖化的報告應是最權威的報告了。依2007 IPCC第四版報告（詳表6-1），100年後海平面水上昇範圍為0.18至0.59公尺（平均0.4公尺）。該表左邊兩欄為在6種情境下百年後全球溫度可能上升範圍，最右一欄為海平面可能上升高度（單位為公尺）。

表6-1　聯合國IPCC報告海平面上昇（六情境）

| Case | Temperature Change (°C at 2090-2099 relative to 1980-1999) [a] | | Sea Level Rise (m at 2090-2099 relative to 1980-1999) |
	Best estimate	Likely range	Model-based range excluding future rapid dynamical changes in ice flow
Constant Year 2000 concentrations [b]	0.6	0.3 – 0.9	NA
B1 scenario	1.8	1.1 – 2.9	0.18 – 0.38
A1T scenario	2.4	1.4 – 3.8	0.20 – 0.45
B2 scenario	2.4	1.4 – 3.8	0.20 – 0.43
A1B scenario	2.8	1.7 – 4.4	0.21 – 0.48
A2 scenario	3.4	2.0 – 5.4	0.23 – 0.51
A1FI scenario	4.0	2.4 – 6.4	0.26 – 0.59

Notes:
[a] These estimates are assessed from a hierarchy of models that encompass a simple climate model, several Earth Models of Intermediate Complexity (EMICs), and a large number of Atmosphere-Ocean Global Circulation Models (AOGCMs).
[b] Year 2000 constant composition is derived from AOGCMs only.

　　許多人聽到這個數據都不敢置信，因為媒體上的報導動輒以百年後海水將上昇5公尺、10公尺，甚至15公尺、20公尺來愚弄民眾。

　　說媒體有意愚弄民眾可能也不太公平，因為媒體本身也被愚弄了。這是怎麼一回事？原因在於有一群人專門散佈極度誇大的不實消息，愚弄世人。美國前副總統高爾的《不願面對的真相》即是其中的代表作品。

　　高爾對全球暖化造成後果的描述中，最令人印象深刻的就是一連串的天然災害。最令人震撼的是描述因南極及格陵蘭的冰原融化造成海水暴漲7公尺，淹沒了全球沿海城市精華地區，而造成10億難民流離失所。

　　依聯合國IPCCC2007年發佈的報告，海平面在2100年預估較目前大約會升高18至59公分（平均不到40公分），高爾為什麼會誇張到近20倍呢？原來IPCC報告中提及「如果」格陵蘭的冰河「全部」融化，海平面會升高7米。那到底要多久格陵蘭的冰河才會全部融化呢？答案是1000年。高爾在書中花了幾十頁的篇幅描述全球許多大城市如紐約、舊金山、邁阿密、北京、上海、阿姆斯特丹及孟加拉全境

淹沒於海水下的「慘況」，彷彿發生在即，難怪引起全球恐慌。

　　過去一百年海平面升高了大約18公分，世界上絕大部分人其實毫無感覺，如果下個一百年海平面升高了40公分，對人類真會造成任何重大災害嗎？

　　但非常不幸的我國政府竟然以高爾論述作為制定政策的依據。圖6-1即為我國政府官員在國際會議中展示台灣於2035年（22年後）因海水上漲而造成的海岸線退縮，台北市竟成了台北湖。依該圖所示，到2035年海面上漲至少25米，較高爾論述（100年7米）遠為誇張，比IPCC報告6種情境的下限值高了100倍。政府減碳政策是建立於這種錯誤資訊，無怪乎如此乖張離譜。

2035年台灣海岸線退縮圖[2]

圖6-1　我國政府官員在國際會議上所展示的錯誤圖片

---

[2]　台美潔淨能源論壇，2011。

台北高溫與熱島效應

2012年台北天氣出奇的熱，有好幾天還飆到37℃、38℃。心想一定有人會以此大談「全球暖化」，但沒想到竟是馬總統。

環保署沈署長曾於國民黨中常會就「全球暖化熱浪對我國之衝擊與因應及熱島效應之改善」提出專題報告。兼任國民黨主席的馬總統聽取報告後說，7、8月高溫超過攝氏35度的日子不少，但位處亞熱帶的台灣，並未把高溫當作異常現象。馬總統表示，目前氣象報告未將熱浪當作天然災害來報告，僅提醒大家多喝水、少曝晒等。對此，總統指示行政院秘書長與交通部研究。在總統心目中，這些都是「全球暖化」帶來的災難，為政府全力推動「節能減碳」政策提供了堅強的理論基礎。

但今年台北這麼熱真的是全球暖化造成的嗎？大家是否注意到當台北溫度飆高到37℃，38℃時，其他縣市溫度也不過34℃上下。全球暖化為何單單眷顧台北而放過台灣其他地區呢？

台北溫度如此飆高的主要原因是「熱島效應」。在鄉間野外，太陽照射地表時土壤中水份受熱蒸發而飄向天空。水在蒸發過程中會吸收熱量，在飄向空中過程中將熱量帶離地表昇上空中。這是使地球地表降溫而合適人類居住的最重要機制。大都市（如台北），是所謂的水泥森林，到處是建築物及馬路，基本上整座城市地表極少供蒸發降溫的水分，所以全球大城市較其郊區溫度都高了好幾度，這就是所謂熱島效應。城市越大這種效應越顯著，東京較其郊區溫差都在5℃以上。

台北今年大熱，基本上是熱島效應，和全球暖化實在扯不上什麼關係。全球暖化最明顯的效應是在1、寒帶，2、冬天，3、夜間。以全球而言，如果因暖化而造成熱浪增加，但同時會造成更多的寒流減少。

　　全球每年凍死的人遠多於熱死的人，所以全球暖化或雖使熱浪少許增加，但使寒流大大減少。以全球而言，暖化的淨效應是正而不是負。這也就是為何許多科學家認為溫昇1.5℃之內，基本上對全球淨效應為正。目前全球溫昇0.74℃，即是處於利大於弊的階段。對許多學者對稍許的氣候變化就喊得像世界末日來臨一般，作者只能搖頭嘆息。

IPCC暖化預測失靈

　　IPCC（Intergovernmental Panel of Climate Change）－政府間氣候變遷委員會是1988年於聯合國架構下成立的組織。

　　IPCC每5、6年就會針對全球暖化出版一本評估報告（Assessment Report），在1990、1995、2001、2007共出了四版，分別命名為FAR（First Assessment Report），SAR（Second AR），TAR（Third AR）及AR4。IPCC報告分為數巨冊，幾千頁，資料豐富，是全球研討氣候變遷的「聖經」。

　　IPCC訂於今年9月出版AR5的第一冊：「The Physical Science Basis」－「暖化的科學基礎」。這一冊在出版前必須經過科學家同儕評論（Peer Review）的階段，AR5中有不少重要資料就在這一階段洩漏而為外界所知悉。

　　洩露資料中最為人們所關心的就是全球溫昇這一部分，由外洩資料可以歸納出兩個重點：

第一，IPCC前幾版的報告對溫度預測很不準確，過度強調了CO_2對全球溫昇的影響，圖6-2即為AR5中的一個附圖[3]。

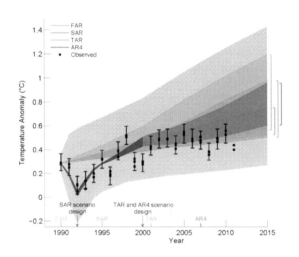

圖6-2　IPCC全球溫昇預測與實測比較[4]

該圖將過去4版報告預估之溫昇與實際測量的溫昇作一比較，可看出實測溫度遠低於過去報告的預測溫昇。

圖6-3[5]也十分有趣。圖6-3是將FAR預測之溫昇（上面三條線，一為上限值，一為預測值，一為下限值）與實測值比較（底下兩條線，一為人造衛星量測值，一為地面量測值）。由圖6-3可看出，實測值都遠低於IPCC的預測值。

---

[3]　http://www.appinsys.com/GlobalWarming/IPCC_AR5_Fail.htm.

[4]　彩圖頁為P.249。

[5]　http://joannenova.com.au/2012/12/the-ipcc-was-wrong-england-and-the-abc-mislead-australians/

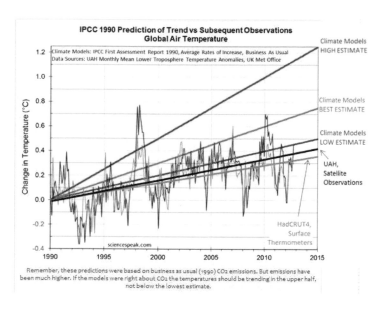

圖6-3　全球實測溫昇與IPCC FAR比較 [6]

　　由AR5資料可歸納的第二個重點是：過去15年（1998-2012）人
類碳排幾乎佔了自工業革命以來碳排的25%，使大氣中CO_2濃度由
365ppm增為超過390ppm（工業革命前為280ppm），但全球溫度上升
有限。2012全球均溫還沒1998年高，這可由圖6-4[7]與6-5[8]看出。

　　由圖6-4可看出溫昇與電腦模型預估差別很大，也可看出1998年
溫度可能高於21世紀每年溫度。

---

[6]　彩圖頁為P.250。

[7]　http://www.krusekronicle.com/kruse_kronicle/2013/03/global-warming-apocalypse-
perhaps-a-little-later.html#.UWDZc6JvDC9

[8]　《經濟學人（The Economist）》2013年3月28日。

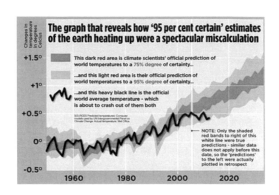

圖6-4　全球溫度走勢圖 [9]

　　圖6-5表現過去20年（1992-2012）全球溫度，可看出1998到2012年雖然碳排大量增加，但全球溫昇趨緩。

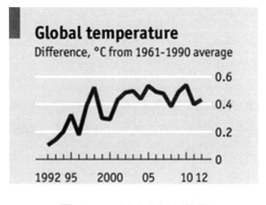

圖6-5　1992-2012溫昇

　　目前氣候科學實難以預測百年後氣溫及氣候。

---

[9]　彩圖頁為P.250。

發展中的科學——氣候科學

電影「明天過後」是一部描繪氣候變化造成人類災難的片子，描述因全球暖化、天氣驟變，紐約成了冰天雪地。其實這部片子的背景如果移到倫敦或巴黎可能更合適，因為高爾大作「不願面對的真相」中就曾為倫敦及巴黎描繪出極為暗淡悲慘的前景。

依百年來的氣候科學家的共識，位於大西洋東側的西歐之所以在冬天遠較位於同緯度位於大西洋西側的加拿大溫暖原因在於「大西洋輸送帶」。所謂大西洋輸送帶就是墨西哥灣流攜帶溫暖的熱帶海水流經美國東南；再穿越整個大西洋直達歐洲。歐洲之所以保持溫暖是因為墨西哥灣流抵達歐洲後會加熱空氣而使西歐保持溫暖。

科學家認為大西洋輸送帶在西歐外海釋出熱量及水氣後，一方面因為海水變冷，一方面因鹽分濃度增加，使其比重增加而沉入海底，此種海洋動力造成「大西洋輸送帶」的繼續運作，使西歐保持溫暖。

極端暖化威脅論者的論點是北極洋融冰後的淡水會沖淡大西洋輸送帶鹽分濃度及比重，使其無法沉入海底。失去海洋動力使大西洋輸送帶中斷，墨西哥灣流無法到達西歐。失去了墨西哥灣流帶來的熱量，西歐天氣就會變為酷寒，不適人類居住。此一大西洋輸送帶為西歐帶來熱量的理論言之成理，作者也一直以為這是科學界「共識」。

2013年5月《科學人雜誌》「灣流效應」一文卻對西歐氣候溫暖提出了三種完全不同的解釋機制。（詳圖6-6與6-7，摘自「科學人」）

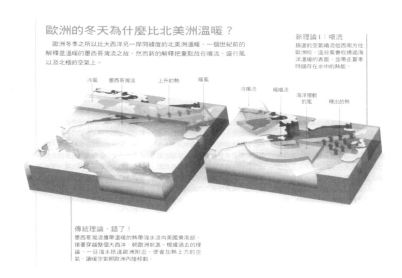

歐洲的冬天為什麼比北美洲溫暖？

　　歐洲冬季之所以比大西洋另一岸同緯度的北美洲溫暖，一個世紀前的解釋是溫暖的墨西哥灣流之故。然而新的解釋把重點放在噴流、盛行風以及北極的空氣上。

冷風　墨西哥灣流　上升的熱　暖風

新理論1：噴流
振盪的空氣噴流從西南方往歐洲吹，這些風會吹拂過海洋溫暖的表面，並帶走夏季時儲存在水中的熱能。

冷噴流　暖噴流　海洋擾動的風　釋出的熱

傳統理論，錯了！
墨西哥灣流攜帶溫暖的熱帶海水流向美國東南部，接著穿越整個大西洋，朝歐洲前進。根據過去的理論，一旦海水抵達歐洲附近，便會加熱上方的空氣，讓溫暖空氣朝歐洲內陸移動。

圖6-6　大西洋輸送帶（1）[10]

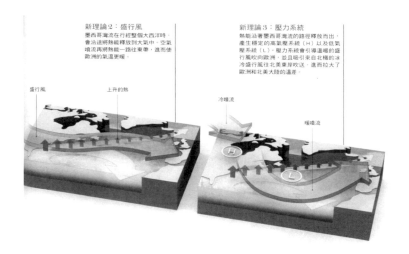

新理論2：盛行風
墨西哥灣流在行經整個大西洋時，會沿途將熱能釋放到大氣中。空氣噴流再將熱能一路往東帶，進而使歐洲的氣溫更暖。

新理論3：壓力系統
熱能沿著墨西哥灣流的路徑釋放而出，產生穩定的高氣壓系統（H）以及低氣壓系統（L）。壓力系統會引導溫暖的盛行風吹向歐洲，並且吸引來自北極的冰冷盛行風往北美東岸吹送，進而拉大了歐洲和北美大陸的溫差。

盛行風　上升的熱

冷噴流　暖噴流

圖6-7　大西洋輸送帶（2）[11]

---

[10]　彩圖頁為P.251。
[11]　彩圖頁為P.251。

這三種理論有「噴流論」、「盛行風論」及「壓力系統論」，三者都大幅修正以往的「大西洋輸送帶」理論。這三種理論，到底何者正確，尚無定論，但重點在於研讀各種理論後，作者深深的感覺氣候科學實在是個剛發展的科學，人類對氣候的了解恐怕也只是皮毛而已。以「大西洋輸送帶」暖化西歐這種原以為十分成熟的理論都有很大的修正空間，表示人類對大自然的了解實為膚淺。

　　另外一個全球氣候現象中眾人所熟知的「聖嬰」現象──太平洋東西洋流水溫高低有3～7年的循環性變化，對環太平洋國家的氣候影響極大，造成洪水、乾旱、漁獲，農產的極大變化，影響極多人民生計。

　　但就算這種地球上影響人類一等一重要的聖嬰現象，目前電腦模擬都無法預測其下一次循環週期，可見電腦模擬氣候的能耐實為有限。

　　對大自然的了解既然還如此膚淺，但人類還依然建立各種氣候模型來推測百年後的溫昇及氣候變化不是太自不量力了嗎？許多政府因毫無判別能力，全然相信這些氣候模型的預測，據以制定各種能源政策，恐也應放慢腳步，三思後行。

「全球暖化」兩面刃

　　本人擁核立場堅定，但與許多核能界朋友有些不同，個人十分擔心許多核能界人士過分強調「全球暖化」作為支持核電的理由。

　　個人一直認為如何化解人民對「核能安全」的疑慮，強調核能的「經濟面」才是解決今日核能困局的大方向。核能不排碳是一個十分重要的bonus（紅利），但在今日社會氛圍下，並不是主戰場。

　　今日過分強調暖化，甚至引用一些暖化極端威脅論者的論點以支

持核能，有一個極大的後遺症。

今日核電佔我國總發電量不到20%，未來即使核四商轉，但若現有核電廠如期除役，核電佔我國發電量更將降為10%以下。今日火力發電佔全國發電量超過70%，日後更可能超過80%，火電抉擇必將成為我國將來能源論戰的主戰場。

今日核四論戰如此沸沸揚揚主因是核四公投，但不論核四公投結果為何，我國未來興建核電機組（十年內）的機會基本上是零。未來絕對沒有執政者敢自找麻煩宣布興建核電廠，在社會上掀起新一波的核電論戰。

因應我國未來電力成長及取代除役電廠（不論核電或火電），都只有火力電廠一途。今日政府執迷於全球暖化所推出的"節能減碳，燃氣最大化"政策，已使今年的發電成本增加500億元。

在今後只有興建火力發電可行的態勢下，燃煤、燃氣的抉擇將成為核能政策外影響國運的最大挑戰。

過往討論能源配比時，環保團體總一再以「全球暖化」、「氣候變遷」為理由阻擋燃煤電廠開發，擁核人士如果在今日核四論戰時過分強調「全球暖化」，難免落入反核環保人士圈套，不知不覺中反對煤電。其結果是重創我國經濟，傷害無辜人民。

個人在《能源與氣候的迷思》一書中，以三個章節，近百頁篇幅討論全球暖化，不妨參考。

全球暖化，台灣減碳

由前幾篇質疑暖化的文章，恐有讀者以為個人全盤否定「全球暖化」，並非如此。

全球暖化是基於科學事實，二氧化碳等溫室氣體可阻絕地球之紅外線輻射，造成地球暖化，是基於堅強物理基礎的科學事實，無可否認，無可迴避。但問題在於全球暖化有多嚴重？全球暖化速度有多快？這兩個問題就有很大的商榷空間。

　　今日暖化科學最受人質疑的是回饋（Feedback）效應。目前一般人對二氧化碳是溫室氣體都朗朗上口，但很少知道水蒸氣是比二氧化碳更為重要的溫室氣體，圖6-8即為聯合國IPCC 2007年第四版報告的附圖。

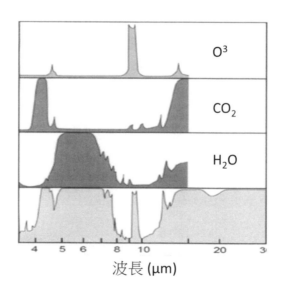

圖6-8　溫室氣體輻射吸收圖

　　由圖中可明顯看出水蒸氣（H_2O）是較二氧化碳（CO_2）更為重要的溫室氣體。目前暖化的理論認為二氧化碳使全球暖化的效果之一就是使海洋昇溫，使更多的水蒸氣由海中釋入大氣造成了正回饋現

象。單單CO_2增加全球可能只昇溫1單位,但因CO_2增加使H_2O增加的昇溫反而有2單位,所以總共有3單位的溫昇。

但問題在於水蒸氣的正回饋是否真使溫昇增為3倍?別忘了大氣中水蒸氣增加會使雲量增加,而雲量增加則有降溫效果,即所謂負回饋。問題在於今日的氣候電腦模型都無法有效模擬雲量,各種模擬各顯神通「猜測」雲量,圖6-9即為不同電腦模擬所猜測的雲量與實測值(粗線)的比較,看了這張圖很難使人對今日的電腦模擬產生信心。

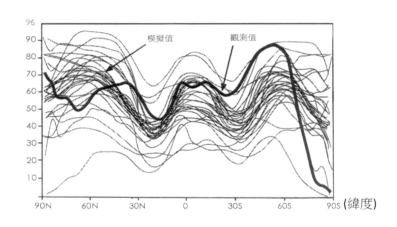

圖6-9 電腦模擬與實測雲量 [1]

由本書〈IPCC暖化預測失靈〉一文可明顯看出電腦模擬不足之處。沒有人知道100年後地球溫度會昇高多少,大家都是靠電腦來模擬百年後的溫昇,許多國家也是依此制定能源政策對抗暖化,但在電

---

[1] E・Zedillo, Global warming, 2008.

腦模擬並不可信的情況下，許多國家（包括台灣）的政策也未免操之過急。

全球暖化是「全球」問題，擔心的是「百年」之後的問題。當今日全球政府多數只有口惠而沒有實際行動之際（詳第十章〈誰理會京都議定書〉），台灣政府已一馬當先，一肩挑起「解救地球」的重責大任，今年為減碳政策，全民已多負擔500億元。

台灣政府應馬上停止「以氣代煤」的錯誤政策，目前國際碳交易每噸減碳成本只有「以氣代煤」的十分之一，台灣應尋求碳交易機會。台灣也可為將來碳捕捉與封存（CCS, Carbon Capture and Storage）預作準備，執行CCR（Carbon Capture Ready）政策。更應參與全球氣候工程的研發。真正最有效的減核政策就是核電延役。不要忘記台灣碳排佔全球1%，就算台灣由地球上消失，明年全球碳排也不會減少，因為每年全球碳排成長超過1%。

台灣應立即停止目前自殺式的減碳政策，日前在立法院有學者質疑政府的減碳政策是否符合國家最佳利益，個人深有同感。

第七章　環保爭議

美牛、環保、核能

　　許多人可能會覺得奇怪，美牛怎麼會和核能扯上關係？其實兩者都顯示了一個台灣很獨特而可悲的現象----環保綁架社會。

　　去年開春以來，油電雙漲，美牛、證所稅成了政府施政「違反」民意的三大指標，鬧得社會不得安寧。以美牛而言，政府的政策是允許其進口，而反對黨與環保團體則以「毒牛」視之，堅決反對開放美牛進口。「美牛」是否開放進口，問題僅於「瘦肉精」（多巴胺）容許值到底應為「零」，還是可以訂一上限。這一爭議在美國、歐盟兩大地區有極為不同的立場。美國允許使用多巴胺，而歐盟堅決反對。

　　這不得不令人想起美國與歐盟對「基因食物」也有完全不同立場。美國允許「基因食物」，而歐盟堅決反對「基因食物」。這一爭議本人在《能源與氣候的迷思》一書中有詳細敘述。

　　美國人食用基因食物已有數十年歷史，大量的黃豆及玉米都是經過基因改良後的產品。基因改良農作物不易受蟲害，產量大為增加，是美國農業在全球極具競爭性的重大原因。

　　歐盟許多農民在政治仍具影響力的國家，害怕基因改造農產品會造成全球農產大豐收而打擊其農業（如法國），所以極力反對基因食

物。歐盟這種極端立場甚至離譜到威脅非洲國家不得接受美國拯救非洲飢民農產品的地步，造成非洲飢饉的一再擴大。歐盟對農產品「保護主義」的立場已造成太多國家血淚斑斑的慘痛教訓。

今日歐盟反對多巴胺與其反對基因食物的真正原因如出一轍，說穿了都是為了國家利益。台灣環保團體反對基因食物也不是一朝一夕之事了，今日激烈反對美牛也符合其一貫的偏激立場。但問題在於美牛如同基因食物都是一般人不易了解的科學問題。環保團體極易危言聳聽，激起民粹式的恐慌。在許多媒體「壞消息」才是「好新聞」商業考量下的推波助瀾，使立法委員也不敢攖其鋒，個個「明哲保身」，只見一片「反美牛」的聲浪。

多年來反核運動與反美牛發展不是如出一轍？

核能牽涉極為專業的領域，一般民眾不了解「福島事故」或「車諾比事故」不可能在台灣發生。但在環保團體一再散布錯誤訊息，新聞業毫無辨別能力而照單全收的報導，引起民粹式的恐慌。在此種社會氛圍下，只見大批反核的立法委員，擁核立委有如鳳毛麟角。如美牛一般，環保團體也成功的綁架了立法院及整個社會。

近日立法委員對美牛問題似持較正面的態度，希望立委諸公們能在國家最高利益的考量下通過美牛進口。吾人中心希望有朝一日，立委諸公們也能理性看待核能問題，在國家最高利益的考量下廢除「非核家園」條款，轉而支持核能的發展，則國家幸甚，國民幸甚。

「可持續發展」的省思

作者去年隨工程技術顧問公會代表團赴韓國首爾參加世界工程顧問協會（FIDIC）三天年會，與會代表約800人來自60個國家。FIDIC

總部在瑞士日內瓦，成立於1913年，今年是成立百年紀念。去年年會主題是「Beyond Green」，討論主題不脫可持續發展（Sustainable Development, SD），重點在討論可持續基礎建設（Sustainable Infrastructure, SI）。三天會議，天天都有大會演講及分組討論，討論題目包羅萬象，洋洋灑灑。

SI主要涵蓋四大領域：都市建設／交通建設／水資源建設／能源建設。FIDIC認為如何在這四大基礎建設領域使用各種SD工具，規劃設計可持續的基礎建設是顧問工程業的責任與未來的重要發展方向。

參加了三天的會議，耳根聽到的都是SD的演講，難免會使人有種錯覺，以為SD是解決今日地球所面臨的環境及資源問題的重要手段。對解決環境問題中重中之重的氣候變遷極有助益。個人贊同未來工程顧問業在規劃設計基礎建設時，將可持續發展要列入考量，但其作用功效有多大，則需進一步檢討。

FIDIC在大會中的書面報告明白指出，目前全球SI仍以綠建築為大宗。原因也很簡單，與其他複雜基礎建設相較，建築到底是較為簡單的專案，較易於推動SI。

台灣政府也大力推動綠建築標章，2011年內政部在報上登了半版廣告，宣揚減碳政績。號稱通過綠建築標章（703件）及候選綠建築證書（2360件）總共可減碳6億3000萬公斤。6億3000萬公斤聽起來無比嚇人，但換算為公噸則是63萬公噸，約為我國每年碳排0.2%。當然吾人不能不為這種減排努力致敬，但其對全國減排功效實為有限。我國每年平均碳排約增加3%，0.2%不夠抵消一個月的碳排增量，而這是3000件綠建築標章才取得的成果。

擴大檢視SD：2011年底工業總會表示，2004到2010的7年間，全

國工業共執行了4039件減碳措施。7年來共減碳743萬公噸。平均每年減碳約106萬公噸,與我國碳排相較約減少0.35%。這可是全國工業界花了極大努力才達到的成果,但與總排碳量相比,這數字還是顯得極為渺小。減碳是開頭容易,越來越難。因為容易減碳的項目開頭都已執行完畢,再找新點子減碳越來越不容易。

如何將SD置於適當的位置,與台灣政府相較,韓國政府就較為理智。在三天會議中有不少韓國政府官員發言推動SD,但韓國能源政策的大方向不受干擾,與我國政府相較,韓國政府保持較清醒的頭腦來處理基礎建設與環境資源這類極為複雜的問題。

環保署應不應有否決權 [1]

台灣環評過程充滿不確定性,已使外國公司在台投資卻步。

事實顯示,主導重大開發案的部會,對於該開發案是否能落實並沒有實權;唯一的決定權,在於環評會議。

台灣重大開發案件需要提交環境影響評估報告供環保署委員會審核,這點與世界其他國家一樣。然而在許多其他國家,環保署僅限於審查及提供意見,不像台灣環保署有最終決定的權力。

台灣環保署因對開發案件有否決權,常要求開發單位做更多研究或提供更多資訊,決策往往拖延經年。許多重大開發案件交付環評後,經常是歷數年懸而不決。其中最令人矚目的當屬國光石化案(馬總統最後介入否決)、蘇花高(被否決,改採替代方案)、台北市大巨蛋,以及台電燃煤電廠開發案等。

---

[1] 美國商會白皮書,2012。

負責開發案的部會對於案件的重要性知之最深。譬如說，交通部進行高速公路或其他交通建設的可行性研究時，必然會將環境影響作為考量因素之一。同理，石化及電力開發案，除環境考量之外，經濟部還肩負工業發展及提供全民不虞匱乏的電力之責。但在台灣，一樁重要開發案卻可因環評程序而面臨被否決或延宕的命運。

將否決權賦予環保署，對其亦不公平。因環保署除在專業之環境考量外，也被迫要考量否決重要開發案的政治後果。另方面，如果負責開發案件的部會沒有做最後決定的權力，又怎能要求它負起政策成敗的責任？

本會建議修改目前環評法，在環保署將改制成環境暨資源部之際，重新將其定位為擔任幕僚輔助的角色，從環保觀點提供意見給各部會，最終決定權則回歸各部會。

「環境教育」匪夷所思

日前有一則新聞，標題為「中研院人員拒上環境課挨罰」。新聞內容提及：

中央研究院歷史語言研究所副研究員黃銘崇，因為拒絕參加環境教育課程，讓中研院院長翁啟惠遭北市政府依「環境教育法」開出五千元罰單。黃銘崇日前投書中研院電子周報，對翁啟惠表示抱歉，但是他認為硬要公務員上環境教育課程並不合理。「環境教育法」去年六月開始實施，規定公務員每年要參加四小時環境教育，否則將罰機關負責人五千至一萬五千元；若通知後仍不參加，可以繼續開罰。黃銘崇說，這樣的罰則非

常不合理，「像是共產國家會出現的法律，要罰到你跪下為止。」[2]

個人讀了這則新聞真是感觸良多，這種強迫要求全國公務員上所謂環境教育課程的惡法正是個人一再指出，目前台灣社會均懾服於環保界淫威的明證。

不錯，環保很重要，但八部二會每個部會都認為自己主管的業務很重要。為什麼公務員不上「經濟課程」、「醫療課程」、「教育課程」，個人認為「能源課程」也很重要，但單單只上「環境課程」？

英國在多年前也曾對小學生施以「環境教育」，以高爾的《不願面對的真相》為小學生教材，對小學生「洗腦」。但惹惱了許多知道該影片錯誤百出的家長，有一位家長狀告法庭，主審法官Michael Burton判定高爾影片有9大謬誤，只好草草結束。

全國各級公務員少說幾十萬人，這許多人不幹正事要上所謂的環境教育，真不知浪費多少公帑，這可都是納稅人的錢！

個人要為拒上這種無聊課程的中研院人員致敬；好好利用寶貴時間從事中研院人員該做的研究工作，比上這種環境教育課程重要太多了！

---

[2] 聯合報，101年7月30日。

第八章　再生能源

千架風機

　　到2011年止，我國在陸地上約裝置了270台風機，總共裝置容量約52萬瓩（520 MW）。政府目標是在2020年前在陸地上加裝450台風機，陸地上總裝置容量達到120萬瓩（1200 MW）。

　　政府目前的主要目標是海上風力發電，預估在近海（5至20公尺深）裝置120萬瓩（1200 MW）風機，在深海（20-50米深）裝置500萬瓩（5000 MW）。目標在2015年完成第一個海上風機，2020年在淺海完成60萬瓩（600 MW）風力機組，2030年共完成300萬瓩（3000 MW）海上風力機組。

　　以上發展時程可以用表8-1表示。

表8-1　風力發電－千架風機

年度	裝置地點			裝置容量	發電度數	發電佔比
	陸域	淺海	深海	（萬瓩）	（億度）	（%）
2011	52萬瓩 (270架)	---	---	52	15+0=15	0.7
2020	120萬瓩 (720架)	60萬瓩 (120架)	---	180	35+18=53	1.6
2030	120萬瓩 (720架)	120萬瓩 (240架)	180萬瓩 (360架)	420	35+90=125	3.3

海上裝設風力機組與陸上不同，高度約為自由女神像的兩倍（見圖8-1），工程困難度極高。施工費用不下於風機費用，再加上運轉維護費用，發電成本約為陸上風力發電成本3倍。談2030太早，吾人可觀察8年後的2020年是否在淺海達成裝設120架5000瓩（5MW）風機的目標。目前全球並無在颱風頻繁海域裝置風機的先例。日本政府也大力推廣海上風力發電，但因漁民反對，到目前為止，只裝置一部海上風機。在琉球的一座海上風機則遭颱風摧毀。

圖8-1　海上風機

　　但即使政府的雄心壯志可以達到，風力發電在2020/2030佔我國總發電量也不過1.6%及3.3%，遠不足以填補若我國目前減碳（反煤）降核（反核）政策造成的電力缺口。

百萬屋頂

到2011年，我國太陽能裝置容量約4.4萬瓩（44MW），目前目標是在2015年總裝置容量增為42萬瓩（420 MW），而於2020年希望在全國1/10的屋頂（共34萬戶）各裝3瓩（3 kW）的光電板而達到110萬瓩（1100 MW）。政府的太陽能計劃目標是「百萬屋頂」，就是說全國30%的屋頂都要裝設光電板，在2030年裝置容量達到310萬瓩（3100 MW）。

以上描述可以用表8-2表示。

表8-2　太陽能發電－百萬屋頂

年度	裝置容量（萬瓩）	屋頂（%）	發電度數（億度）	發電佔比（%）
2011	4.4	?	0.4	0.02
2015	42	?	6	0.2
2020	110	10%	16	0.5
2030	310	30%	45	1.2

2020距今不過8年，希望在8年內全國1/10的屋頂都裝設光電板，雄心不可謂不大，這將超過許多大力推動太陽能發電國家的屋頂裝置比率。但即使裝置了110萬瓩的光電板，因太陽能發電的容量因數只有15%左右，每年發電約16億度，約為2020全國用電的0.5%。

至於2030年是否能達到百萬屋頂的宏圖可先由2020年是否可達成34萬屋頂的目標來驗證，而後者又可由每年是否可達到3萬屋頂（約10萬瓩）來驗證。吾人可拭目以待，政府到底準備編列多少預算來補貼成本較燃煤發電高出數倍，而供電減碳成效極為有限的太陽能發電。就算全國30%的屋頂（共百萬屋頂）都裝置了光電板，到2030發電量只占總發電量的1.2%。

　　我國百萬屋頂之雄圖大計也可與其他國家比較。美國也曾推出百萬屋頂計畫，德國達成十萬屋頂計畫時就頗為洋洋自得。與美德相較，我國不但人口少，屋頂更少。因台灣人口密度高，樓房多，平房少，所以屋頂少。與國際相較，更可看出今日之困難。

　　風力及太陽能這類的再生能源有三個不容忽視的弱點：

1、價格昂貴：目前太陽能發電收購為每度8元，海上風機依目前國外經驗每度7.5元。均遠高於我國目前平均的每度3元（含高價天然氣發電在內）的發電成本。

2、容量因數低落：核能及火力電廠可以以90%容量因數運轉，表示每年可發8000小時的電。再生能源靠天吃飯，風力容量因數約為30%，每年約可發3000小時的電。太陽能容量因數約15%，每年發電不到1500小時。所以再生能源的裝置容量無法與核能、火力相比，而要打極大的折扣。

3、再生能源能量密度低，發同樣度數的電，與核能、火力相較，太陽能要100倍的土地面積，風力更要1000倍的土地面積。不是台灣這種地狹人稠的國家應該發展的方向。

政府不應以發展再生能源掩飾極為錯誤的減碳降核政策。

台灣不易發展再生能源

許多人常舉世界其他國家的再生能源佔比很高為例，以為台灣再生能源發展空間也很大，以各國再生能源佔比而言：美國（11%）、德國（20%）、中國（26%）、西班牙／丹麥（超過30%）。

以全球而言，再生能源佔13%，其中生質能佔10.4%，所謂生質能就是在極貧窮國家有20億人尚無石油，電力可用，主要是依賴木柴，動物糞便取得「生質能」。13%中的另外2%是水力發電，也就是上述各國的主要「再生能源」來源。

以美國而言，再生能源發電量佔總發電量11%，但7%為水力發電。以中國而言，2010再生能源發電量佔總發電量19.3%，但其中16.6%為水力發電。僅長江三峽大壩裝置容量1820萬瓩就幾乎等於台灣電力系統裝置容量之半，全國水力發電裝置容量更10倍於三峽水力裝置容量。台灣河流水量小，地形陡，發展水力發電條件無法與中、美相比。台灣水力發電量約佔全國總發電量的1%，發展潛力也極小。若以風力發電與太陽能發電為主力，中、美等土地面積極大的國家或有條件發展。但地狹人稠，土地資源極為珍貴的台灣，發展此類再生能源的潛力實為有限。

再生能源不是不應發展，但在縱觀全國能源大局中，應將其置於合適位置，而非無限上綱將再生能源視為萬靈丹，誤導全國民眾。

裝置容量與發電量

日前媒體曾有如下的報導：

「太陽能發電收購價7.3元／度，若以民間太陽能發電取代核三廠發電量約需27.77億度（1902百萬瓦），保守估計每年收購金額約202.71億元，20年將花費4054億元。」[3]

　　這一段話很有問題。為什麼會有問題？其實能源專業人士很容易看出來。

　　核三目前每年發電約150億度，如果以每度7.3元的太陽能發電取代，每年收購金額約1100億元，20年將花費2.2兆元，遠高於媒體所報導的數字。

　　會有如此誤解的主要原因在於媒體直接引用屏東縣長的論述。曹縣長以為利用在原來台糖4000公頃土地可以裝置1902百萬瓦的太陽能板，裝置容量與核三廠兩部機相當，所以足以取代核三廠。錯誤發生在哪裡？裝置容量與發電量是兩碼子事，這就是所謂容量因數的觀念。

　　核能廠和火力廠只要燃料充足，每年可以365天24小時不停發電，每年8760小時。核電廠及火力電廠連續發電超過一年，達10000小時是常事，但是機組總要停機維修，所以核能廠每年平均容量因數都在90%左右。

　　以核三廠1902百萬瓦的裝置容量及90%的容量因數計算，每年可發150億度的電。再生能源不論是風力還是太陽能，都是靠天吃飯。太陽能平均每天發電4小時，所以容量因數只有16.6%。同樣裝置容量的核能廠與太陽能發電相較相差5.4倍（90%/16.6%）的電。1902 MW

---

[3]　遠見雜誌315期，2012年9月。

的太陽能板如以16.6%容量因數計算，每年只能發27.77億度電。即使在4000公頃（40平方公里）土地上裝置了相當核三裝置容量的太陽能板1902百萬瓦，發電不及核電廠的20%。如果要靠太陽能發150億度的電，則佔地將達220平方公里，約一個台北市面積。

過去5年核能發電成本每度0.64元，與太陽能的7.3元相較，不到1/10的成本。核三每年發電150億度，總成本為96億元，以太陽能取代為1100億元。可嘆的是政府為了彌補「穩健減核」政策造成的無碳能源缺口，竟想以太陽能取代，真令人啞口無言。

克林頓總統也沒搞懂

國內媒體將功率（瓩）和能量（度）搞錯，或搞不清楚裝置容量和發電度數是兩回事，不知各種電廠容量因數並不一樣，實為平常。一般而言，國外媒體較為嚴謹，犯類似錯誤較少。2012/10/1出版的時代雜誌（Time）封面故事為美國前總統克林頓的一篇文章，竟然發生了同樣錯誤就頗為令人驚訝了。

在該期雜誌，克林頓總統發表了一篇文章，認為有5件事使世界變得更好，其中一件就是「綠色能源」。在該文中克林頓以德國為例，指出德國太陽能裝置容量為2200萬瓩（22GW），其output（產能、發電度數）幾乎等於20個核能機組（2000萬瓩）。

克林頓與我國媒體犯的同樣錯誤都在於誤以為若太陽能裝置容量與核能相同，其output（產能、發電度數）即相同。

表8-3為德國核能與太陽能裝置容量與發電度數的比較。

表8-3 德國核能／太陽能比較

	裝置容量 (百萬瓩)	發電度數 (億度)	容量因數	發電佔比
核能(1)	18.7	1400	85%	23%
太陽能(2)	22.0	180	10%	3%

(1) 2010數據
(2) 2011數據

太陽能相關數據為2011年資料，核能相關數據為2010年資料。德國在2011年福島事件後陸續關閉了一半核能機組，資料變動太大，較不準確，故引用2010年資料。

由該表可看出德國太陽能裝置容量大於核能，但發電度數遠遜核能，核能裝置容量18.7 GW，發電1400億度佔總發電度數23%。太陽能裝置容量22GW（大於核能）但總發電度數只有180億度，只佔全國總發電量的3%。

最主要的原因就是容量因數（可用率）不同，核能可以全年幾乎不間斷的發電，以德國而言，容量因數為85%。太陽能不用說晚上不能發電，陰雨天發電也大打折扣，容量因數只有15%。目前沒有德國發電成本的公開資料，但以我國而言，太陽能每度電發電成本更為核能的10倍。

時代雜誌極負盛譽，與克林頓總統都是「綠能」的堅強支持者，但很顯然其鼓吹「綠能」有很大原因是對基本電力知識的缺乏與誤解。我國對"綠能"抱太多幻想的媒體及政治人物實應引以為誡。

政府官署應說實話

近日在雜誌上看到能源局「綠能低碳家園－政府不變的目標」的廣告，讀後心中感到無比沉重。

廣告主旨在說明為了達到政府推動電力政策的最高原則「不限電，合理電價，實踐國際減碳承諾」，政府將有以下三大措施：1、降低用電需求。2、降低備用電力。3、鼓勵再生能源。

吾人可簡單檢討這三大措施是否能達到所謂電力政策的「最高原則」。

措施之一是降低用電需求：

目前政府重要經濟政策指標為633（每年經濟長成率6%、失業率低於3%、人均所得美金30000元），一般而言，經濟成長與能源使用成正比關係（詳圖8-2[4]），目前我國經濟成長與能源成長無法脫鉤，除非政府放棄經濟成長政策，何能達到「降低」用電需求？

---

[4] 經濟部「確保核安，穩健減碳」問答集。

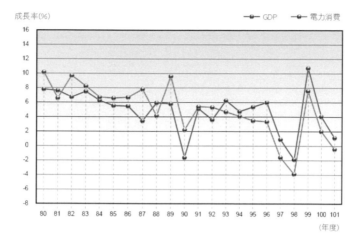

圖8-2　經濟成長率與電力成長率之關係

　　依能源局網站上「長期負載預測與電源開發規劃摘要報告」
（100年1月）亦顯示，供電量將由民國99年的2300億度上升到民國
118年的3763億度，而同期尖峰負載亦將由3599萬瓩升為5803萬瓩，
廣告上的「措施」與網頁上的資料完全是南轅北轍。

　　措施二是降低備用電力：

　　此一措施對達成「最高原則」有何助益更難理解。維持適宜備用
電力是維持電力供應可靠的重要手段，降低備用電力在機組跳機時很
可能會導致「限電」，對「維持合理電價」和「減碳承諾」也毫無
意義。

　　進一步研討，若我國大力發展再生能源（措施三）則備用電力必
然大幅增加。再生能源很大的問題就是供電不穩定，風力發電無風則
無法發電，太陽能在陰雨天發電能力也要大打折扣，所以大力開發再
生能源必然會導致備用電力大量增加的後果。

措施三是鼓勵再生能源：

廣告中此段數字極多，洋洋灑灑。仔細檢討發現2030年再生能源裝置達12502MW，比「百萬屋頂、千架風機」還高（主要加計水力及廢棄物發電）。文中提出此一裝置容量可提供356億度電是否真能達成，也頗有問題。就算此一數字正確，不外乎表示對我國減碳幫助極大，也是極嚴重的誤導。我國目前核電不延役政策使我國目前三座核電廠6部機在2025年將全數除役，目前該6部機每年發電400億度（無碳能源），2030年所謂再生能源356億度還不夠取代核電除役後的無碳度數，對達成國際減碳承諾有何助益？

能源局也心知肚明減碳目標無法達成，在能源局於民國99年11月發布之「能源發展綱領政策評估說明書」（草案）中坦承即使核電延役，到2020我國每年都必需依賴400億元碳權[5]來達成減碳承諾，基本上就是減碳無法達成的意思。

因我國陸上風電潛力有限，12502MW之裝置容量主要將為太陽能及海上風機。以成本而言，2006到2010的五年間，核電每度電平均成本為0.63元，發400億度電總成本為250億元。太陽能每度電目前收購成本約為8元，海上風力每度電成本約為7元，單此兩者之發電成本即近1000億元。我國電價會漲到何種程度，也令人頭皮發麻。

目前政府所謂的推動電力政策的最高原則，實際上就是現代版的「又要馬兒好，又要馬兒不吃草」。在此荒謬的政策之下，各部會只好大作文章提出各種實現「又要馬兒好，又要馬兒不吃草」的「措施」，令人啼笑皆非。

---

[5] 碳權：向國外減碳績效佳的國家購買其剩餘排碳額度以抵銷本國碳排。

我國目前能源政策重大失誤的原因一方面環保界要負相當責任，但更不可原諒的是能源界不敢說實話。能源局發布「能源白皮書」，主辦「全國能源會議」，是制定我國能源政策最重要的政府機構。吾人希望能源局說實話這一個最起碼的期望，應不算是過分要求。

綠能「慘」業

　　媒體曾登了兩則有關綠能產業的新聞[6]。一則是「電動車自救，員工誠徵董事長」另一則為「出脫茂迪，台積電無時間表」。

　　前者提及台南一家響應政府推動綠能產業，看好綠能商機因而投入生產電動摩托車的公司，因為生意慘淡，原投資者撐不下去了，員工自救「誠徵」新投資者擔任董事長。

　　後者提及太陽能大廠茂迪上半年每股稅後大虧7.34元，大股東台積電董事長張忠謀對外表達，投資茂迪的策略性目的已達成，未來將視為金融性投資，意味著台積電未來將伺機出脫茂迪持股。這兩則有關綠能「慘」業的新聞，不禁令人回想起馬總統在就職演說中提及提昇台灣競爭力的五大支柱中的第三大支柱：打造低碳綠能環境。

　　總統說：全球氣候變遷、資源供需失調，對臺灣是挑戰也是機會。未來全球所有的產業都將強調綠色生產，綠色產業是未來產業競爭的新領域，消費型態也必須符合節能減碳的要求。因此我們將鼓勵民間擴大對綠能產業、綠色建築與綠色生產的研發與投資，讓綠色產業成為帶動就業與成長的新亮點，讓臺灣一步步成為「低碳綠能島」。

---

[6]　中國時報，101年8月8日。

個人在《能源與氣候的迷思》一書中就曾警告：另外也應予以特別留意的是在政府大力鼓吹下所日漸茁壯的我國「綠能產業」。「綠能產業」基本上沒有市場競爭性，需要各國政府政策扶持補貼，根基實不穩固。任何新興產業初始時必都百家爭鳴，但最終在市場上存活率都不高。美國去年已發生政府大力補貼的綠能業者倒閉而造成的政治風波。吾人應特別留意「綠能產業」終將形成「利益團體」，影響我國能源政策。政府似乎還十分情願的被其牽著鼻子走，但問題是合乎「綠能產業」利益的政策不見得合乎全民利益。政府在制定相關政策時應以全民利益為優先方為正途。

國外針對能源產業投資的機構也曾警告：任何新興產業，即使成功，通常成功機會只有十分之一，九家失敗破產的公司才成就了一家成功的公司。對許多公司對能源一知半解，但卻一窩蜂的投資綠能產業的現象深以為憂。綠能政策和綠能產業政策應嚴格區分，目前政府因偏愛綠能政策，愛屋及烏的也大力推展綠能產業，實應嚴肅檢討。

第四篇
火電政策

第九章　火電失誤

減碳政策使每年發電成本暴增600億元

第一章提到今日電費飆漲的最主要原因在於可提供低廉電力的基載機組（核能、燃煤）不足，只好動用十分昂貴的燃氣發電。圖1-1與1-2，對上述論點提供了堅強的證據。

今日電力結構如此失衡，有很大的原因在於環保界的「反核、反煤」立場，並影響政府採取激進的減碳政策。環保團體的反核是老故事了，但我國發電只有核能、燃煤、燃氣三途，即使反核，如未強力「反煤」，我國電力結構也不會扭曲到今日的地步。十分不幸，「反核」之外，「對抗氣候暖化」是環保界另一個「神主牌」。在「抗暖」這神主牌下，燃煤電廠自然成為了環保界的「眼中釘」。台電十分了解我國電力結構的失衡，在有「非核家園」的法律限制之下，只有走加建燃煤電廠一途以糾正我國的電力結構。

九年前（2004年）台電的電源開發計畫雄心勃勃的推出彰工、林口、深澳三個燃煤電廠計畫，每個廠址各設有兩部80萬瓩的超臨界燃煤機組[1]。如果這三大計畫順利推動。對改善我國電力結構有極大的

---

[1] 林口計畫第3部機，原規劃完工時程較晚，本章討論均以原定近兩年完工之1、2號機為主。

幫助。但十分不幸的，這三大計劃6部機組在今日無一完工商轉。

這三大計劃的無法順利推動雖各有原因，但與環保界都脫不了關係。

彰工計劃命運最為」悲慘」，2004年底環保署小組審查已建議通過，但非常不幸的在2005年初環保署大會上竟未通過，中間又經各種變化，直到九年後的今日仍是在環保署「審查中」。

林口、深澳雖在環評通過，但之後命運也各有不同。林口電廠位於台北縣，因當年地方首長是環保健將，推動環保立縣，似乎對燃煤電廠很有意見。燃煤電廠在其管轄之下，自無好日子可過。建廠所需之同意函／證照申請的核准過程曠日費時，直到2010年五都選舉後，才全力趕工，耽誤了近三年時光。

深澳電廠一樣命運多舛。該廠受阻原因在於環保團體因景觀／環保原因反對在該地建「卸煤碼頭」，各級民代見這是彰顯「環保」的好題目，也加入戰局，今日該計畫仍是遙遙無期。

80萬瓩的燃煤機組，以85%的容量因數運轉，每年可發60億度的電，如以氣代煤，每度發電成本差價為1.71元，每年一部機的發電價差就是100億元。2011年燃氣機組共發電621億度，這6部燃煤機組每年共可發電360億度，每年省下600億元絕非難事。這三座電廠6部機都因不同原因受環保力量的阻撓而無法順利推動。

燃煤電廠發展受阻的主要原因在於政府的近程減碳政策。在中央政府強力宣示之下，環保署、立法委員、地方政府無不視燃煤機組為眼中釘，推動燃煤發電計畫困難重重。除了核電，以燃氣電廠取代燃煤電廠為唯一選擇，燃氣電廠排碳較少，但以氣代煤減少二氧化碳的成本為每噸新台幣4000元，遠超過國際間每噸二氧化碳交易成本（低

於新台幣500元）。顯然，靠這種作法減碳的成本極高。

今日彰工、深澳兩電廠四部機，九年來仍原地踏步，政府在今日因電費漲價受到極大的民意反彈，亡羊補牢猶未為晚，政府更應全力推動這兩個計畫，以免未來回顧今日才後悔莫及。

經營改善小組開錯藥方

去年2月間「油電雙漲」引起社會大眾極大反彈，經濟部順應民意成立「台電及中油公司經營改善小組」並發布〈台電及中油公司經營改善初步檢討報告〉。

仔細閱讀該報告，發現實在是開錯藥方。

該小組成立初衷實因「油電雙漲」，意欲集小組成員之力提供「錦囊妙計」供該二公司參考。希望台電／中油在採納這些建言後，可以減緩未來油電價漲價的趨勢。個人對油價並無深入研究，只知國際油價起伏極大，極難預測，詳第一章〈油價走勢容易預測嗎〉，以下僅討論該小組對台電的建言。

如前述，該小組成立之目的，希望能提出減緩未來電價上漲的妙方，但該小組的建言將使未來電價更為飛漲。目前電費高漲的主要原因在於我國電力結構出了大問題。提供低價電力的核能，燃煤等基載機組在錯誤的能源政策下寸步難行，過去十年電力系統增加最為快速的竟是發電成本最為昂貴的燃氣機組。

經營改善小組如能洞察此一重大結構性問題，在建言中提出「允許核能電廠延役」及「加速興建燃煤機組」等補強我國基載電廠不足的建言實為少數實際可行的建議。但十分不幸，該小組竟提出「延緩深澳更新計畫」及「暫緩彰工火力」等本末倒置的建言。因彰工、深

澳及林口共6部燃煤機組商轉延誤，導致我國「以氣代煤」，增加的發電成本每年達600億元（若只計彰工、深澳四部機組則成本增加400億元）。該小組提出「緩建」建言，必使我國電力結構進一步惡化導致未來電價更為飛漲。

該小組暫緩該二計畫的目的在減少「資本支出」及「折舊費用」，殊不知電力建設為十年大計，今日減少資本支出，減少短期間「折舊費用」必然導致長期電力建設不足的惡果，到時補救之道只有加速興建工期短的燃氣機組一途。該一建言有如為樽節家庭支出，提出子女輟學以節省「教育費」支出的主張。

我國過去十年台電及民營電廠燃氣機組增多的主因就在於1990年代末期電力極端不足（備用容量只有5%），只好興建工期短的「燃氣機組」應急。導致今日電力結構的失衡，血淚斑斑的殷鑑不遠，我國未來要重蹈過去錯誤的覆轍嗎？

燃氣政策，害慘台灣

去年上半年天然氣凍漲，中油虧了120億，為了弭平虧損，不得不調漲3%氣價，但還有18%的應漲幅度尚未反應。中油一漲氣價，台電就慘了。新聞中提及台電近年為了配合「減排政策」大力發展天然氣發電。2012年全年燃料採購預算3000億中，天然氣即高達1700億，這表示燃煤、核能發電的燃料成本低於1300億。

台電2011年核能／燃煤／燃氣各發電405億度／952億度／621億度，核能及燃煤總發電1357億度為燃氣發電2倍以上。2012年發電度數及核／煤／氣的發電比例也應與2011年相當。表示燃氣發電度數不及核能／燃煤之半，但天然氣燃料費用1700億，超過核能燃煤的1300億。這

才是今日台灣電價不得不調漲的主要原因。針對台灣目前這種不正常的發電結構——價廉的核能／燃煤電廠占比太低，極為昂貴的燃氣電廠占比太高，一個理性負責政府的能源政策就應加速核能／燃煤電廠的建設而減緩燃氣電廠的建設。不幸的是今日政府能源政策的兩大柱石——降核，減碳，重創核電／燃煤電廠，台灣只剩燃氣發電一途。

日前經濟部台電中油經營改善小組的初步檢討報告建議暫緩彰工及深澳兩個十分關鍵的燃煤計畫，就是今日脫序能源政策的最好寫照。台灣大致已走向增加燃氣發電與電價飛漲的這條路，2012年1月，中油與澳洲簽署為期15年的LNG採購契約。每年供氣175萬噸。依當時氣價計算，每年採購金額420億元，15年總採購金額約6300億元。如此巨額能源採購，只在報端簡短批露，幾乎無人知曉，無人關心。175萬噸天然氣約可發電120億度，以每年採購金額計算，每度電燃料價格即高達3.5元。這些天然氣所發的電不論是取代核能發電或燃煤發電，都是極為龐大的額外成本。

彰工電廠，一葉知秋

報載台電董事會決定緩建彰工燃煤電廠。董事會決議為緩建四年，並不諱言基於環保考量，未來可能改建為燃料費用極高的燃氣電廠。看到此一報導，幾可確定台灣產業競爭力必將大幅下降，台灣經濟在政府一意孤行錯誤能源政策的「領導」下必將日趨黑暗。

在2000-2010年間全台共有6部燃煤機組完工（台電2，民營4），但有15部燃氣機組完工（台電6，民營9）。台電預見這種極端不理想的電力結構，所以在9年前（2004年）就推動下一代高效率的燃煤機組計畫。

這些燃煤機組都是80萬瓩超臨界機組，如能照計畫完工對改善台灣電力結構助益極大。台電當時規劃的3座電廠共9部機，其中彰工電廠4部機，林口電廠3部機，深澳電廠2部機，依當年規劃目前應至少有6部機完工。但政府受環保力量影響，推行節能減碳政策，使得9年後的今日沒有一個機組完工商轉。因為這6部機組完工延宕使我國目前每年發電成本暴增600億元。

　　彰工電廠是原規劃最早完工商轉的電廠，2004年環評時，小組審查本已通過，但在2005年審查大會當天剛好是京都議定書生效之日，硬生生的被退回重審。在扁政府執政期間眼看無法通過，台電只好撤回環評。2008年馬政府上任後，台電滿懷希望重送環評，但沒想到在馬政府節能減碳政策掛帥下，彰工電廠環評五年來還是無法通過。

　　今日台電配合政府政策緩建彰工燃煤電廠，甚至可能改為燃氣電廠，當然也是配合經濟部「經營改善小組」的建議，古人說「一葉知秋」，由彰工燃煤電廠的命運，吾人不難預見我國經濟的黯淡前景。

　　亡羊補牢尤未為晚，彰工燃煤計畫目前仍在環保署審查，預計近日內將作出最後裁決。政府若真能體認此一計畫的重要性，今日補救仍不嫌晚。此一計畫之環評能否在近日內通過，是政府施政能力的重要指標。

600億元能做什麼事？

　　600億元是個天文數字，代表了什麼意義？我們試以一些較貼近生活的建設來做對比。

台北市政府頒發101年公共工程卓越獎，作者服務的公司因規劃設計捷運信義線得獎。在頒獎典禮中與捷運局同仁談及台北市的長期路網，捷運局同仁表示因國家財政窘迫，有許多路線只好「推遲」或「緩議」。

台北捷運對提昇台北生活品質作用太大了。很多人可能都忘了台北捷運未完工時，台北市寸步難行的交通黑暗期。目前台北捷運每天輸送人次達150萬人，設想這150萬人如果仍使用平面交通工具（不論公車，私家車或機車），今日台北交通會是何種局面。

建設捷運自然要花大錢，目前台北捷運完工的160公里路網，總經費約5500億元。捷運分平面、高架、地下，造價相差極大，其中以地下捷運建設費用最高。台北捷運全為地下段最長的有兩條路線，新店線及南港線，這兩條路線長度都約11公里，建設費用各為600億元。

不錯，本文標題「600億元可以做什麼事」的答案是600億元代表每年可以建設一條如新店線或南港線的捷運。除台北、高雄外，全省許多城市也都希望能建捷運，一方面解決交通問題，另一方面也提昇都市形象。但與中央協調時，中央常兩手一攤，表示財源不足，無能為力。

人民那裡知道政府錯誤的能源政策，等於每年將一條新店線或南港線丟到太平洋中。錯誤的政策對國家造成的傷害，實在太大了。

抽蓄電廠為何停擺？

台灣有兩個裝置容量極大的抽蓄電廠。一為明湖電廠（100萬瓩）、一為明潭電廠（160萬瓩），這兩個抽蓄電廠裝置容量共260萬瓩，與核四兩部機270萬瓩相當。抽蓄電廠的目的是在離峰時（深夜

電力需求低時），利用發電成本低廉的基載電廠所發的電，將抽蓄電廠下池的水抽往上池。在白天尖峰用電時，再將上池的水洩往下池，利用水位差來發電以提供尖峰用電。

在1980年代末核能及抽蓄發電廠初建成時，台灣發電結構近乎是最佳化。發電成本低廉的核能及燃煤發電提供了80%的電力（度數）。在深夜離峰時，抽蓄電廠就發揮了極大的儲能功效。當時抽蓄電廠的使用率幾達90%，與低價的核、煤發電配合，提供了極為經濟理想的發電組合。時至今日，因基載電廠（核、煤）裝置容量不足，甚至要動用燃氣電廠來提供基載電力，抽蓄電廠完全英雄無用武之地。

在過去幾年，抽蓄電廠的使用率都只有10%左右。還保持10%使用率的原因是由於水力發電起降最為迅速，調度平衡電力最為方便，但抽蓄電廠的使用已完全沒有經濟成本上的考量了。由花費數百億建造的抽蓄發電的近於閒置，足以清楚驗證我國基載電廠不足的事實。有人質疑既然有可儲能的抽蓄電廠，總應該「充分利用」，為何今日利用率如此低落？

本文有3個附圖。圖9-1[2]為抽蓄電廠之剖面圖，圖9-2及圖9-3為1990年代及目前台灣每日電力負載及基載能力之簡化圖。

---

[2] en.wikipedia.org/wiki/Pumped-storage_hydroelectricity

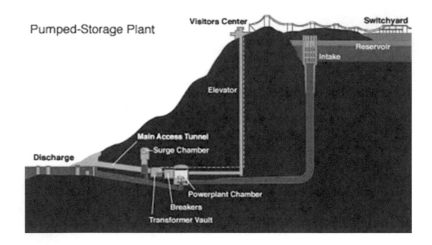

圖9-1　抽蓄電廠示意圖

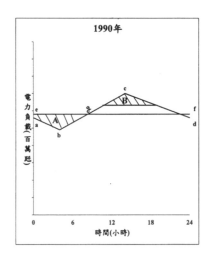

圖9-2　抽蓄電廠營運（1）

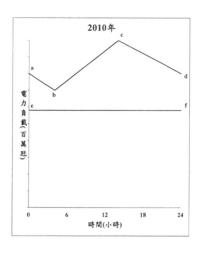

圖9-3　抽蓄電廠營運（2）

　　抽蓄電廠要發揮作用的先決條件是廉價的基載電廠裝置容量，要大於每天深夜離峰之電力負載。圖9-2及圖9-3的abcd線表示的是每天24小時電力負載（需求），ef線表示基載電廠裝置容量。

　　假設每度電發電平均成本，基載電廠（核能、燃煤）為1元，中尖載之燃氣發電為3元，據以解釋抽蓄發電的經濟效益。

　　在1990年代如圖9-2所示，基載之裝置容量（ef），高於每日最低離峰負載（b），所以在時間e到g之間，基載電廠多餘的發電能力可將抽蓄電廠下池的水抽往上池，即以每度1元的成本儲存面積A的能量。

　　在白天尖峰用電時，將儲存於上池的水洩往下池發電，但因效率損失（面積B小於面積A），面積B每度電成本約為1.2元。

　　在白天原來cgf三角形的用電，要由每度3元的燃氣發電提供。如今有了抽蓄電廠，每度發電成本3元的燃氣電廠只要提供三角形cgf減去面積B所剩餘的電力需求，所以離峰時利用抽蓄電廠儲能是合算及

合理的。

到2010年代，如圖9-3所示，能提供低價電力基載電廠（核能、燃煤）的裝置容量低於每日最低的電力負載（b），在ef線及abcd線間之電力需求必須由極為昂貴的燃氣電廠來提供，抽蓄電廠完全英雄無用武之地，只好閒置，無法「充分利用」。

溫水煮青蛙──燃氣與燃煤

台灣目前電力90%以上來自核能、燃煤及燃氣電廠，核能電廠所發的電力約佔總發電量的20%，其他70%以上的電力是來自火力電廠（燃煤、燃氣），火力電廠的發電比重及煤、氣間之配比顯然較核能電廠更為重要。但社會上的氛圍卻非如此，新聞界及社會大眾對核能議題都表現了高度關注，但對火力電廠議題卻興趣缺缺。

核電在社會上爭議實在太大，很難期盼在未來十年內除了目前在興建中的核四外，政府會興建任何新核能機組。目前擁核人士很卑微的期盼只不過是希望目前運作良好，對台灣經濟貢獻卓著的六部核能機組，在運轉40年後予以延役。未來我國電力需求仍將繼續成長，核能機組即使延役，核能電廠所發的電力（加上核四），在總發電量中所佔的比例，長遠看來只會日趨減少。

但我國目前電力結構極不理想，應大力建設能提供低廉電力的基載電廠。既然加建核電的希望渺茫，目前唯一可行，可改善我國電力結構的手段就是加建燃煤電廠。但在政府官員、民意代表、新聞界、全國民眾對此一重大議題知識極為缺乏的情勢下，我國燃煤計畫也在環保界的影響下一再延宕。全國人民對目前減碳政策對我國電力結構造成的嚴重影響渾然不覺。個人將目前這種情勢比喻為「溫水煮

青蛙」。

電價在燃氣機組逐年取代燃煤機組的情勢下會每年「緩步」成長，政府將其怪罪於國際燃料漲價，迷惑了大多數民眾。核能除役將在2018到2025的8年間使我國發電成本暴增千億，社會大眾很可能「猛然覺醒」而促使下屆政府改變降核政策。但與降核政策相較，減碳目標造成的以氣代煤政策對我國電力成本的影響由長遠看來更為嚴重並且是「現在進行式」，但依目前情勢看來，有如溫水煮青蛙，可嘆的是青蛙不知末日將至。

目前政府的減碳政策是基於極為誇大錯誤的暖化威脅論。本書的目的即是嘗試討論此一議題，希望社會大眾在有正確的相關資訊下，或可影響政府的減碳政策及避免溫水煮青蛙的後果。

頁岩氣

近日頁岩氣成了熱門話題，好像台灣能源問題突然見了曙光，頁岩氣一出，什麼能源問題都迎刃而解。不說別的，日前民進黨前主席蔡英文提出的廢核四的三個理由：1、核電風險高，2、核四建廠問題多，3、頁岩氣使天然氣降價。其中頁岩氣就列為廢核四的重要理由。

實情如何？

媒體曾有社論指出——「從幾個簡單的數據，即可看出頁岩氣的發展潛力。2001年頁岩氣僅占美國能源供應的百分之一，2011年竄升到兩成五；去年美國境內天然氣價格跌為五年前的四成，預估跌勢還會加快。」[3]

---

[3] 聯合報社論 "評論頁岩氣掀起的能源革命"，102年2月27日。

該社論這一部分有些是正確的，美國近5年來頁岩氣成功開採真可說是驚天動地的大事，一舉將美國天然氣可用年限增加了100年。頁岩氣及頁岩油的成功開採將使美國由能源進口國成為能源出口國，不但完全改寫世界能源地圖，也將改寫全球地緣政治地圖。美國的得天獨厚實在令人艷羨。

　　同篇社論另提及「一旦美國頁岩氣進入國際市場，屆時每英熱單位天然氣價格美國三點七美元，歐洲十二美元，台、日、韓等亞洲市場目前十七美元的巨大價差，勢必有巨幅變化。」但社論的這一部分很有商榷的餘地。天然氣與石油、燃煤不同，並沒有全球市場，石油與燃煤都可以用油輪或煤輪由產地銷往全球各地，所以形成一個全球競爭市場，全球油價、煤價基本上是有一個世界參考價格的。

　　天然氣則不然，全球90%的天然氣是由輸氣管由生產國輸往消費國。另外10%的天然氣則在生產國將天然氣液化到攝氏負162度（-162℃）成為液化天然氣（Liquified Natural Gas, LNG），再由特殊建造的LNG輪船輸往使用國。到達使用國後經再氣化（Re-gasification）後由用戶（含發電廠）使用。

　　所以全球天然氣基本上分成三大市場：

　　一、歐洲：歐洲天然氣由俄國經天然氣管輸氣供應。二、美國：美國天然氣大多由國內自產經輸氣管輸往用戶，也有一部分由加拿大經輸氣管進口。三、東亞：天然氣在液化後進口，最主要的進口國就是日本，韓國及台灣。

　　俄國天然氣除非液化，否則無法輸往美國、東亞。同樣美國天然氣除非液化也無法輸往歐洲及東亞。所以世界天然氣並沒有一個全球競爭市場而是區隔為三大市場，其價格則有天壤之別。

天然氣價格是以MBtu（Million British thermal unit，百萬英熱單位）為計價單位。

以2011年為例，以美國而言，天然氣價格在US$2-3/MBtu，以歐洲而言，氣價在US$8-10/MBtu，以亞洲而言，氣價在US$15-17/MBtu。

圖9-4[4]為國際能源總署（IEA）在2012年報告中顯示全球過去5年天然氣價格的趨勢圖。最下一條實線為美國，由上往下之第二條實線為歐洲（以德國為代表），最上方實線為東亞（以日本為代表）。

圖9-5[5]則為IEA報告中顯示東亞4國4年來氣價趨勢圖，由上往下的實線分別為日本、台灣、韓國及中國，其中日本、韓國、台灣氣價十分接近。中國因自產及進口管線天然氣，所以平均成本較低。

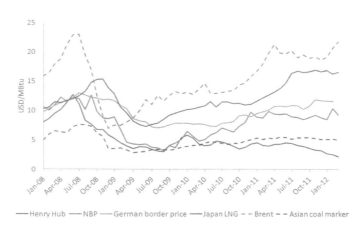

——Henry Hub ——NBP ——German border price ——Japan LNG – – Brent – – Asian coal marker

圖9-4　國際氣價與亞洲油／煤價 [6]

4　International energy agency: Gas-Medium-Term-Market-Report, 2012
5　同註3。
6　彩圖頁為P.252。

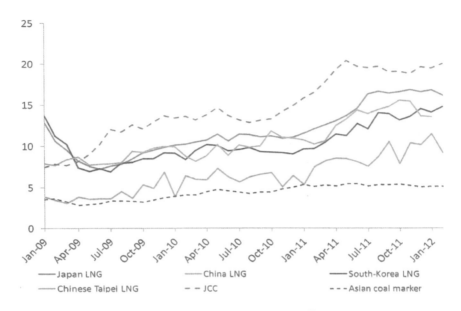

圖9-5　亞洲各國氣價圖 [7]

　　全球氣價的訂定也分為兩種方式，一種是美國定價，稱為Henry Hub價格，歐洲及東亞天然氣則與油價連動計價。很多人認為美國天然氣如此便宜，如果液化出口，則歐洲、東亞氣價必然大幅下降，其實並非如此，許多其他成本需考量。

　　目前美國頁岩氣十分便宜，每單位約美金3元（US$3/MBtu）與東亞各國進口液化天然氣高達US$15-US$17/MBtu差了5倍。如果一但美國頁岩氣出口則我國進口天然氣價格必然大跌。許多人認為燃氣發電因此將極具競爭性，所以主張廢核四。

　　但真的如此嗎？

---

[7]　彩圖頁為P.252。

「液化」天然氣（Liquified Natural Gas, LNG）遠貴於「管路」天然氣的主要原因在於以「管路」輸送的天然氣保持在常溫輸氣。LNG則將天然氣降溫到-162℃液化後再以特殊製造的LNG運輸輪運送，液化與運輸的成本較天然氣本身的成本還高。

以美國頁岩氣價格US$3/MBtu而言，液化成本也要US$3/MBtu，由美國墨西哥灣各州輸送到東亞的運輸成本約US$6/MBtu（兩數字均依IEA 2012年報告之資料），所以總售價不低於US$12/MBtu。我國2011燃氣發電燃料成本約為US$12/MBtu，所以即使由美國進口液化之頁岩氣價格與目前我國由印尼、卡達等國進口的LNG價格也相當。

所以LNG的價格要考慮3個成本。1、天然氣成本，2、液化成本，3、運輸成本，以下將分別討論：

1、天然氣成本：依美國Energy Information Administration（EIA，能源資訊總署）預測美國頁岩氣在2018年前售價應低於US$4/MBtu。2030將升至US$5.4/MBtu，並於2040昇至US$7.8/MBtu。

2、液化成本：依IEA（國際能源總署）報告，目前建液化廠之費用急遽上升，以全球而言，10年來上升了2倍，大力建設LNG液化廠的澳洲更增加了3倍。

圖9-6[8]為IEA報告之數據，顯示運轉中及新建中LNG液化廠的造價，可見其價格節節高昇。

---

[8]　同註3。

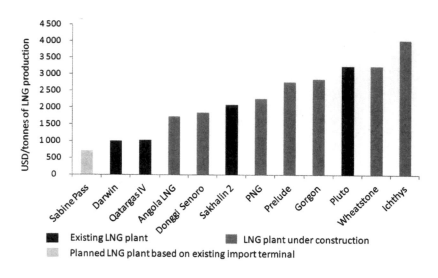

図9-6　液化天然氣設施建造成本

3、運輸成本：目前全球約有400艘LNG運輸輪，其日租費由2011
　　年初的US$60,000/day到2012年中倍增為US$120,000/day，其
　　中很大原因在於日本在福島事件後大量進口LNG所致。

以我國而言，LNG簽的多為長約，去年初中油與澳洲簽了15
年每年進口175萬噸LNG的長約，按當時氣價計算之合約總金額
為NT$6300億，平均每年要支付台幣420億元。這筆LNG費用約為
US$15/MBtu，所以即使國際LNG價格有所下降，我國未來20年燃氣
發電成本調整空間有限。

IEA對東亞3國（日本、韓國、台灣）簽長約購氣也十分理解：
因為能源供應的安全是較能源成本更為重要的國安考量。以為全球天
然氣會因美國頁岩氣出口而降價，所以我國燃氣發電成本會大降所以
可以廢核四，實在也是一種極為錯誤的迷思。

停擺的台灣

圖9-7是過去20年及未來4年3任總統共24年台灣完工商轉電廠一覽。

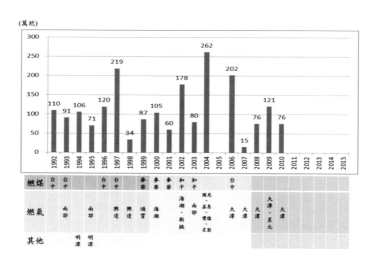

（萬瓩）

圖9-7中各年完工量：1992: 110、1993: 91、1994: 106、1995: 71、1996: 120、1997: 219、1998: 34、1999: 87、2000: 105、2001: 60、2002: 178、2003: 80、2004: 262、2006: 202、2007: 15、2008: 76、2009: 121、2010: 76

	1992	1993	1994	1995	1996	1997	1998	1999	2000	2002	2003	2006	2008	2009	2010
燃煤	台中		台中		台中	台中		麥寮	麥寮	和平	和平	台中			
燃氣		南部		南部		興達	興達	通霄	海湖	海湖、新桃	國光、嘉惠、豐德、星能	大潭	大潭	大潭、星元	大潭
其他			明潭	明潭											

圖9-7　1992-2015完工機組 [9]

有人可能會質疑，到2015年還有3年，為什麼可以確定到2015年前都不會有新電廠完工？理由非常簡單，與捷運等大型公共建設一樣，興建電廠耗時極長，即使今日立刻加緊建廠，也不是三兩年就可以完工的，所以未來三年內不會有新電廠完工商轉是一個確定的事實。

許多人以為台灣產業外移，用電沒有成長，所以不必蓋電廠，事實完全不然。台灣在李登輝及陳水扁任內，幾乎每年都有新機組完工商轉，以供應每年3%上下（早年高、近年低）的電力需求成長。

---

[9]　彩圖頁為P.253。

圖9-8為將圖9-7完工機組裝置容量（萬瓩）依每任總統任期（四年一任）平均繪製。由圖9-8可看出台灣基本上每年都要完工100萬瓩的機組，這也不足為奇，全台電廠目前安裝容量（不計汽電共生廠）約4000萬瓩，每年成長3%就是120萬瓩。核四2部機，每部機135萬瓩，也不過各能應付1年的尖峰成長。目前台電興建中的大型超臨界燃煤機組每部機組約80萬瓩，與早期最大型的核能機組（100萬瓩）已未遑多讓。

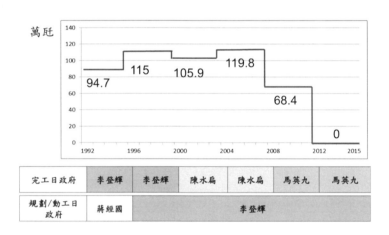

圖9-8　1992-2015每四年平均完工機組（萬瓩）[10]

　　圖9-8有兩個重點，第一、這24年來商轉機組基本都是在李登輝時代所規劃通過的，李登輝早期電廠甚至是在蔣經國時代規劃批准的。陳水扁時代完工商轉不論民營電廠或台電機組則全為李登輝時代所規劃。馬英九總統第一任完工電廠中最重要的大潭燃氣機組也

---

[10] 彩圖頁為P.253。

是在李登輝時代開始進行，在1998年已與工程顧問公司簽約進行規劃設計。

　　第二、馬總統第一任每年平均完工電廠已由前兩任總統的100萬瓩降為不及70萬瓩，但真正令人驚懼的是第二任4年完工機組竟然掛零（因核4公投，核四廠1號機已不可能在2015年夏季用電尖峰前完工）。這已埋下我國未來缺電或因急就章而加緊興建天然氣電廠造成電價暴漲的重大危機。馬總統第一任完工電廠裝置容量降低或可歸咎於前任政府，但第二任完工電廠竟然掛零，馬政府則有不可推卸的責任。以彰工、深澳兩電廠共4部機的燃煤計劃，如果依原規劃進行，均可於馬政府第二任完工。但因政府「節能減碳」政策，不但彰工電廠在馬政府上任後環評一直未通過，深澳電廠地方反對煤碼頭一事也未見政府出面強力主導。台灣幾乎從未發生電廠建設中斷五年的情勢。一葉知秋，由台灣能源建設的停滯可窺見台灣整體經濟的停擺。

第十章　減碳代價

減碳目標無法達成

　　馬總統於2012年3月20日在總統府接見前「聯合國氣候變化綱要公約」（UNFCCC）秘書長依沃 德波爾（Yve de Boer）時指出，4年前競選時提出減碳標準與時間表，現在已成為政府政策，將使碳排在2020年回到2005年水準，2025年回到2000年的水準。馬總統在會中指出自其上任後，雖然碳排依舊增加但能源密集度卻下降，所以信誓旦旦的說減碳時程可以達成。

　　吾人對此邏輯實感困惑。目前政府的減碳時程宣示的是排碳絕對值的減少，與能源密集度下降何干？總統提及2011年能源密集度下降1.4%，但同年碳排「增加」2.4%，依此趨勢我國碳排將年年上升，何有可能於2020降為2005水準？更不可能在2025降為2000水準。

　　其實減碳目標不可能達成並非個人獨得之密，政府單位也十分了解，在此可試舉二例：

1、經濟部能源局於2010年發布的能源發展綱領（草案）（表10-1）明白指出，不論核一廠是否延役（方案一、二之區別），如果2020年減排要回到2005水準，則「減量缺口」必須由向國外購買碳權達成，成本每年超過400億元。

表10-1 各策略方案之能源成本比較

方案別	能源成本 （億元／年）	發電成本 （億元／年）	每度發電成本 （元／度）	CO$_2$減量缺口成本 （億元）
方案一 （替代方案）	15,886	9,845	3.1010	456.7
方案二 （主方案）	15,791	9,657	3.0388	421.3

單位：新台幣

2、環保署於2008年公布於其網站及提交立法院資料（圖10-1）
也明白指出，如果要將2025年碳排回到2000年水準，則二氧
化碳「缺口」為1.4億噸。依上述能源局報告每噸二氧化碳
580台幣計算，每年減量缺口成本為810億元。

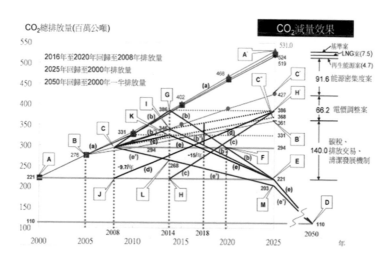

圖10-1 環保署CO$_2$減量目標 [1]

---

[1] 彩圖頁為P.254。

以上數字都來自政府官署白紙黑字的文件，表示不論經濟部或環保署都知道減碳目標達不到。不論經濟部或是環保署的數字都是在政府宣佈降核政策（現有核電廠不延役）前所發布的。如果2019年核一廠2部機除役而2025年三座核電廠6部機均除役，上述減碳缺口更將增加二、三千萬噸。

政府目前推動電力政策有三大最高原則：1、不限電，2、合理電價，3、實踐國際減碳承諾。但事實上三者無法同時達成，政府應訂出優先順序。在此誠懇建言總統立即廢止絕對達不到，而將重創我國經濟的減碳目標。

節能減碳是公德

馬總統在國民黨中山會報中指出「節能減碳是公德問題」。[2]馬總統基於減碳可以減緩地球暖化，所以是公德。這是一個非常值得嚴肅討論的問題，吾人可由兩個角度來思考這一個議題。

首先，我國目前能源政策有兩大主軸：「節能減碳」及「穩健減核」。

我國電力九成來自火力電廠及核能電廠，火力電廠不論燃煤或燃氣都會排放二氧化碳，造成全球暖化，核能電廠則不會排放二氧化碳，是全球減碳抗暖最重要的利器之一。

一個100萬瓩級的核能機組，容量因數以90%計算，每年可發約80億度的電。核能電廠與燃煤電廠都屬基載電廠，可相互取代，所以如果這80億度的電取代了燃煤發電，則可以減少700萬噸二氧化碳。

---

[2]　中央社，101年8月28日。

2010年我國三座核電廠六部機組共發電400億度，等於減碳3500萬噸，相當於全台排碳（含電力、交通、工業、住商）的12%，換句話說，如果今日沒有核電，我國總排碳量將立即增加12%。如果「節能減碳」是公德，則「穩健減核」顯然是個違反公德的錯誤政策。

其次，如果由減緩全球暖化的角度而言，「節能減碳」是一種公德。但政府將這種公德無限上綱，目前每年已付出500億元的代價（以氣代煤發電），削弱我國國際競爭力，是今日經濟不振的主因之一，是否值得？政府政策是否「太超過」？

「維持世界和平」顯然是比「節能減碳」更為高尚的公德。要維持世界和平，防止國家間發生戰爭也不難，只要全球各國一致裁撤軍隊，銷毀武器必可達成。但為什麼沒有國家為了維持世界和平此一公德採取解除武裝的政策呢？理由也很簡單，如果其他國家沒有同步採取此一政策，則首先解除武裝的國家將陷自身於極為危險的境界。

由以上例子可以明顯看出，公德是一回事，但是否將公德無限上綱是另一回事。真正的戰爭極少發生，但全球各國的經濟戰則無時無刻不在進行。政府不敢裁軍，呼應「維持世界和平」公德，但在經濟上採取了自我傷害的極端節能減碳政策，呼應「節能減碳」公德，則令人費解。

LED能省多少電？省多少錢？

能源局近日十分大手筆地宣布在3年內將投入28億元以LED替換32.6萬盞水銀路燈，約佔全國157.27萬盞路燈的20%。預計每年可節約用電1.43億度，減少8.75萬噸二氧化碳排放。能源局沒提：以台灣每人年平均碳排13噸計，約等於減少7000人的碳排量。

新聞中也提出LED燈可保固5年。每年省8.75萬噸碳排，表示5年可省43.75萬噸碳排，以花費28億元計算，減少每噸碳排成本為6000元。能源局在能源發展綱領草案中碳交易以每噸580元（14歐元）計算，表示以LED減碳每噸費用為碳交易成本的10倍，不能說是便宜的減碳方式。

政府官員在民間國是論壇會議建議台電應將全國路燈更換為高效能路燈[3]，該官員強調單單此一政策每年可省下一個發電廠發電量，減少600億元外購發電燃料成本。吾人對此發言深感困惑。如果32.6萬盞路燈可減少發電1.43億度，可減碳8.75萬噸，則157萬盞路燈全改為LED燈可減少發電7億度，減少碳排44萬噸。

今日台電發電成本每度約3元，7億度可省21億元，所謂600億元不知從何而來。省下一個發電廠也令人不解。一個55萬瓩燃煤機組，每年就可發電40億度。省7億度無法取代一個機組的發電量，更不必談一個電廠的發電量（每個電廠有許多機組）。

官員發言實應謹慎為要。

能源總量管制的省思

除了省電措施外，經濟部同時將推動「能源開發評估」審查，未來大型開發案在開發前要先通過評估審查，若超過區域能源供給總量上限，將不同意開發。去年國外對台灣競爭力評估中，台灣電力取得便捷，是少數台灣名列前茅的項目。政府是否與國外評估單位意見不同，認為電力取得容易不值得鼓勵，而要加以限制？

---

[3]　聯合報，101年6月25日。

電力事業因為投資極為龐大，回收年限長又攸關國家經濟至鉅，所以是標準的壟斷事業。但允許電力事業為壟斷事業的條件之一，就是電力公司有責任將電力供應客戶，即使客戶位於深山野外，電力公司也要負責供電。許多大力鼓吹「電力自由化」的人士似乎忽略了此點。

以公車為例，若為公營，則其路線常為了服務偏遠地區，必須不計成本發車。但許多縣市將公車完全自由化後，私人公司因無虧本服務的義務，縮減甚至停止偏遠路線也時有所聞，人民權益受損也無人聞問。全球「電力自由化」規劃時對照顧「全部」消費者，都是不能不考慮的課題。

台灣是個小島，電力普遍供應比許多土地廣大國家較為容易，政府也十分自豪台灣電力的普及率。今日因為能源政策錯亂，嚴重衝擊台灣一向引以為豪的電力供應。審查區域能源供給總量上限有一個可怕的意義，以往環評時，開發計劃常因供水問題受阻，國光石化即是一例。從來沒有因供電不足而受阻的，因為供電是台電的義務。今日有此一電力審查機制，明言開發計畫可因電力供應不足而遭拒，這也是一種新局面。設若某一開發計畫審查時發現在各區都有上限問題，試問此一計畫是否要叫停？印度因供電不足，許多建設無法推動，嚴重影響經濟發展，台灣要向印度看齊嗎？

2012年4月Google在彰濱設立規模極大的雲端運算資料中心，經濟部長及彰化縣長都親臨動土。Google選擇台灣的重要原因之一即為台灣電價低廉，供電系統穩定。資料中心的伺服器（server）極為耗電，這也是為何Google十分計較資料中心碳足跡的原因。如果未來Google要擴大其在台類似投資，但因電力審查在各區都無法過關，我

國是否要請Google移駕其他國家呢？

今日台灣經濟還不夠糟嗎？國外直接投資（Foreign Direct Investment, FDI）還不夠少嗎？還要破壞台灣能吸引外資的少數強項。國外鼓勵投資是鬆綁法規，我國反其道而行，而要增加審查流程及官僚作業，政府實宜三思。

誰理會京都議定書？

我國目前能源問題何止核四一端，核電廠除役與燃煤建廠延宕都是大問題。燃煤電廠在社會上似乎還沒落到核電廠人人減打的地步，但因社會上受極端暖化威脅論所蠱惑及政府大力推動能減碳政策，使我國許多重大燃煤計劃多年來原地踏步，步寸難行。彰工及深澳計劃即為明顯的例子。

吾人實在應該以巨觀來了解國際大勢，圖10-2為世界地圖。

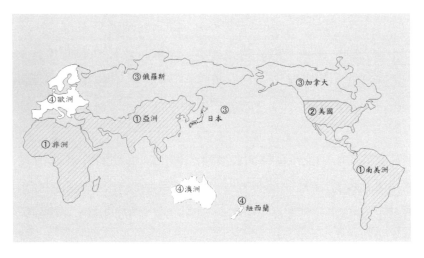

圖10-2　京都議定書現況

以①標出者「非附件一國家」多為開發中國家，包括全部亞洲國家（除日本）及全部南美洲及非洲國家，這些國家原本就不受京都議定書規範。以②標示者為美國，美國雖屬附件一國家，但在2001年就正式宣布退出京都議定書，不原受其約束。而以③標示的是原先承諾京都議定減碳，但在2011年南非德班（Durban）召開的17次締約國會議（COP 17）前宣布無意承諾第二期減碳目標的三國：俄國、日本、加拿大，加拿大並於會後正式宣布退出京都議定書。

由世界地圖可看出只有弧零零的歐洲及澳、紐兩國還緊抱京都議定書，但澳、紐兩國減碳成效如何？

依京都議定書，澳洲及紐西蘭承諾在2008-2012五年平均碳排將為1990年之108%及100%。但在2008年兩國碳排分別為1990年碳排的132%及123%，根本未達成承諾，完全是口惠而已。

京都議定書的死硬派在全球只有歐洲一地，歐洲在去年底宣布要從今年1月起徵收航空碳稅，但在全球各國強烈反對下，歐盟放棄向其他國家航空公司（當其航線飛越歐盟國家時）徵收碳稅的計畫。歐盟徵收航空碳稅是有其道理的，因為雖然目前航空碳排只佔人類總碳排的3.5%，但據IPCC報告，航空碳排是人類碳排中增加最快的一項。依IPCC估計到2050年航空碳排將佔人類總碳排的15%。

歐盟是全球對抗暖化最為積極的政治團體。既然航空碳排是人類碳排中增加最快的項目，歐盟徵收碳稅意圖以價制量，不能不說是一個高明的抗暖措施。但自從歐盟在去年初宣布將採取此一措施後，幾乎受到全球各國一致反對。中、美、俄、印等四國，經濟發展、政治立場南轅北轍，極少看到對國際事務採取共同立場。但對此次歐盟航空碳稅，四國均強烈反對。我國不是京都議定書簽約國，不受任

何國際條約的約束。對暖化極為緊張的主要原因之一,就是環保人士經常恐嚇政府及人民所謂貿易制裁。聲稱如果我國不履行減碳,必將受到其他國家的貿易制裁。但試想,歐盟很簡單的一個航空碳稅政策都四處碰壁,比航空碳稅嚴重萬倍將影響全球所有國家的貿易制裁,何有可能輕易實施?政府在制定能源政策時,實應密切注意國際局勢的發展。

台灣成為聯合國氣候變遷公約締約國?

據報載,謂台聯及民進黨立委等提案要求立法院組成遊說團,參加在卡達(多哈)舉行的聯合國氣候變遷公約(UNFCCC)第18屆締約國大會(COP 18),希望能透過「立法院遊說團」的努力,使台灣成為「締約國」。[4]

當然立法委員希望推動台灣成為UNFCCC締約國是有其政治目的:即希望經由成為聯合國公約的締約國而提昇台灣「國格」。純粹因提升國格目的而言,這也不失為一種手段,但我們實在應該進一步探討,參加UNFCCC對台灣有什麼實質影響?

既然參加UNFCCC,就要受其公約規範,UNFCCC最有名的傑作就是「京都議定書」,議定書規範了附件一國家的碳排。該條約規定附件一國家在2008~2012的平均溫室氣體排放(主要是CO_2)要低於1990年排放的8%。這是極不容易達到的目標,以附件一國家2008的年排放與1990年相較,除了因共產集團解體而導致20年經濟衰退的東歐國家外,極少國家達成此目標,詳圖10-3。

---

[4] 自由時報,101年11月28日。

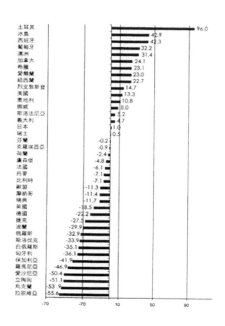

資料來源：FCCC/SB1/2010/5/18

圖10-3　國家實際排碳量（2008年與1990年比較）

　　其他達成減碳目標國家也各有其特殊背景，以我國而言，1990到
2012間的經濟成長遠高於附件一國家，碳排更是增加一倍以上。經濟
成長與增加能源使用無法脫鉤，而增加碳排也是不可避免的代價。許
多國家在簽署京都議定書時也昧於現實，等到經過十餘年巨大努力後
才猛然發現減碳目標無法達成。

　　京都議定書於2012年失效，京都議定書是否要進入第二階段
（2013~2020）正是COP 18會議的重點。京都議定書第二階段所規範
的就不只是附件一國家，而要擴及全球各國。許多附件一國家明知第
二階段減排目標不可能達成，在2011年南非德班舉行的COP 17大會

前，日本、俄國、加拿大三國就宣布無意承諾第二期減碳目標，加拿大並於會後正式宣布退出京都議定書。

我國立法委員一頭熱的要推動台灣成為UNFCCC的締約國，也顯示其完全昧於現實。我國政府雖然高唱節能減碳並定出減碳時程表，但各部會都心知肚明這些目標是完全無法達成，深切盼望我國行政及立法部門應了解減碳政策對我國造成的重大影響，推動有利於國計民生的經濟政策。

核四、廢核、燃煤──三大戰役

今日台灣能源問題，表現上看起來十分複雜。但萬變不離其宗，討論到最後還是要落實於能源結構（核能、燃煤、燃氣的配比）。簡單說，今日我國能源問題在於能提供廉價電力的基載電廠（核能、燃煤）極端不足，但燃氣電廠反而「欣欣向榮」。要糾正我國目前日益偏頗的能源形勢，有三場硬戰要打。

第一個戰場是如何確保核四完工後，能克服目前的反對聲浪順利商轉。

第二個戰場是如何讓政府認清不予現有三座核電廠延役政策的重大影響，進而考慮修改政策。

第三個戰場是如何讓政府認清，現行減碳政策對我國造成的重大傷害，扭轉目前以氣代煤的錯誤政策。

第一個戰場是核四之戰：核四兩部機，每年可發200億度電，核四之戰的目標是如何讓核四在完工後順利商轉，使核四廠能提供我國近10%的廉價電力。核四之戰目標明確，也符合今日馬政府的政策。經濟部及台電正全力推動，雖困難重重但師出有名。

第二個戰場是延役之戰：目前三座核電廠每年可發400億度電（約佔我國總用電20%）。這三座核電廠建廠成本都已折舊完畢，所提供的400億度電成本極低，對維持我國產業國際競爭力極為重要。但極為不幸的是，當今政府於2011年底宣布這三座核電廠（六部機），將於其服役40年後予以除役，而不會如其他國家般給予20年延役許可。

依目前政策，這六部機將在5年後的2018年開始在8年間（到2025）全部除役，經濟部、台電都無法公然鼓吹延役政策，所以是較第一戰場更難進行的戰鬥。目前之計，只有一方面在政府內部提供高層正確訊息，另一方面讓新聞界／工業界了解除役政策對我國經濟的衝擊，希望政府能儘快修正政策，准予現有三座核電廠延役20年。

第三個戰場是火力電廠配比之戰：火力電廠（燃煤、燃氣）每年發電超過1500億度（佔我國總用電75%），目前火力發電結構上的巨大失調——發電成本極為昂貴的燃氣機組的裝置容量大於發電成本十分低廉的燃煤機組的裝置容量，是極為嚴重的國安問題。

火力發電佔我國發電量遠大於核能發電，其裝置配比失調實是較核能政策更為嚴重的議題，但可嘆的是與前二戰場相較，關心此議題的人實屬鳳毛麟角，極少人知道這是與前二戰場同樣重要的戰場，我國今日能源政策失誤的真正癥結在於基載電廠不足，基載電廠不外乎核能及燃煤電廠兩者，但全國注意力幾乎都集中於核能電廠，第一戰場及第二戰場的爭論在社會上眾所週知，但第三戰場竟是「西線無戰事」，尚未開打，勝負已定。

以極具指標性，至關重要的彰工、深澳兩燃煤計畫而言，不但

受環保署、環保團體的制肘，無法推動。甚至經濟部「油電經營改善小組」也建議「暫緩」，實為匪夷所思。目前只見中油一方面忙於在海外簽下鉅額購氣合約，一方面忙於在國內擴建現有台中進氣儲槽設施，更準備建設第三座天然氣進口港。凡此種種都在毫無硝煙的情形下「順利」進行，社會上極少人知其對國家經濟的重大影響。

在社會上，了解核能的專業人士很多，但極少人知道我國因極端暖化威脅論，採「以氣代煤」政策對我國的重大衝擊。

在此三戰場取勝對我國經濟發展及國家競爭力都極為重要。甚盼全國有識者、有志者，同等重視，共同努力。

三大戰役失敗代價——每年2500億元

前文解釋核四、廢核、燃煤三大戰役，本文將進一步探討三者對發電成本及其對我國經濟民生的衝擊。

由於未來各類電廠的固定成本、燃料成本、利率走向等變數太大，在不同假設條件之下，有許多不同發電成本數據。但爭議較小的就是暫以過去5年各種電廠每度電的平均成本為比較基礎：核能0.64元，燃煤1.55元，燃氣3.26元，核四廠因需要加上固定成本，假設每度電固定成本為1元，則其總成本會為1.64元。

排碳成本也有各種推估，每噸碳排500元應是合理的估計。

以下即依上述假設估計核四、廢核、以氣代煤在2025年（12年後）的成本衝擊。

一、廢核四的成本

核四兩部機每年可發電200億度，如廢核四而以燃氣發電取代，

每年增加成本（含碳權）為350億元[5]，假設核四將於2016完工商轉，所以這筆額外成本將由2016年起持續40年，如圖10-4。

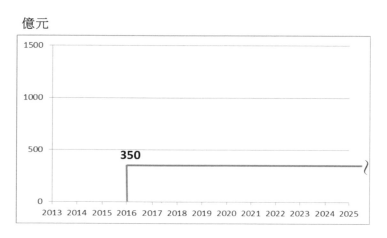

圖10-4　燃氣取代核四

二、核一至核三不予延役，而以燃氣取代的成本

依上述發電及碳排成本估計，2018年核一廠1號機除役發電成本將增加150億元一直到2025年核三廠2號機除役，發電成本將增加1150億元，成本衝擊將持續20年，如圖10-5。

---

[5] 如將廢核四造成的三千億元建廠成本損失視為沉沒成本（sunk cost），而僅將核四運轉費用與燃氣發電比較，每年差價550億元。

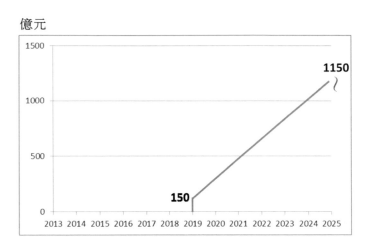

億元

圖10-5　燃氣取代現有核電

三、以氣代煤的成本

　　這情境較為複雜，目前因基載燃煤電廠不足，每年燃氣發電度數約600億度，其中300億度原可由燃煤發電提供，發電成本每年因而增加450億元（扣除碳權），今年（2013）已發生。

　　到2025年，假設除目前施工中的林口三部及大林二部燃煤機組外，因節能減碳政策致使無其他燃煤機組完工，則原可由燃煤發電供應的電力將改由燃氣機組供應，增加成本為550億元，再加上今年之450億元表示到2025年為節能減碳政策所增加的發電成本為1000億元，如圖10-6。

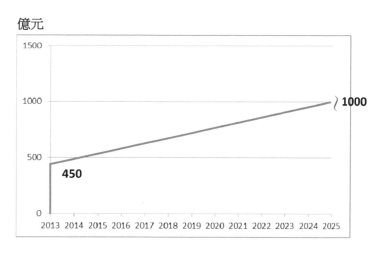

億元

圖10-6 燃氣取代燃煤

將圖10-4至圖10-6數據相加可得圖10-7。

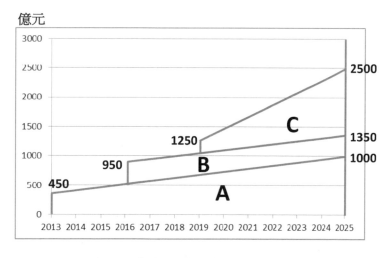

億元

圖10-7 燃氣取代核能／燃煤總成本

圖10-7中A為燃氣取代燃煤之成本，B為燃氣取代核四的成本，C為燃氣取代核一至核三的成本。

　　由圖10-7可見若三者均發生，則在12年後，我國每年發電成本將較合理發電結構暴增2500億元。以三口之家計算，2500億元的數字，表示在12年後，每戶每年分攤的發電成本將增加三萬元[6]。

　　非常奇特的是目前全國鬧得沸沸揚揚的核四為燃氣取代增加的350億元約只佔2500億元的一小部分。但如核四停建，台電將認列近3000億元的建廠損失導致破產，則是不同層次的嚴重問題。

　　目前國人大多不知政府的核一至核三不延役政策及所謂燃氣最大化政策下以燃氣電廠取代燃煤電廠的成本比廢核四更為驚人。依核一至核三不延役20年及核四及火力電廠壽命40年計算，我國因能源政策錯誤之代價累計為八兆元。遠超過福島核災造成的經濟損失。但類似福島災變在我國發生的機會「微乎其微」，錯誤政策造成的經濟損失卻是「百分之百」。我國錯誤的能源政策對國家造成的災難等於在我國發生經濟上的福島災變，而這卻是由政府造成，在絕大多數人民毫無警覺的狀況下正在發生的。

---

[6]　消費券預算830億，三口之家可分得10800元。

第五篇
媒體責任

11.媒體報導

第十一章　媒體報導

「媒體報導」檢討

本書前數章指出了許多媒體上的錯誤報導，令人驚愕的是其中有些媒體還是金鼎獎的常客，如果這些優質媒體對能源議題都有誤解，還能指望其他媒體對我國能源議題有公正客觀的報導嗎？

媒體是社會各階層吸收資訊（不論對錯）最重要的管道。如果媒體充斥不實的報導，不論政府官員、各級民代、社會賢達（所謂學者專家）、一般民眾都一律會受其誤導。媒體也不免互相引用錯誤資料，以訛傳訛影響了更多人。在這種氛圍之下，社會極可能在可疑的資訊下形成所謂「社會共識」。今日核四完工後能否順利商轉，因不少民眾受媒體誤導，充滿疑慮，尚有相當的不確定性。

我們可以回顧一下台灣發生的類似案例；在黃大洲擔任台北市長時，捷運木柵線在最後驗收階段時，狀況百出，甚至數度發生所謂「火燒車」現象，報章雜誌也大肆渲染。當時競選台北市長的陳水扁認為這是攻擊對手的絕佳話題，在競選時信誓旦旦的說如果他當選市長，決不會讓木柵線營運，也不會拆掉，而是就地改為「博物館」作為執政黨「貪污」、「偷工減料」的證據。但當選市長後，興高采烈的剪彩通車，並引為自身重要政績的也是陳市長。木柵線營運近二十

年來，給台北市民帶來極大的方便。如果政治人物果真因媒體負面報導停用木柵線，受到最大傷害的正是全體人民。

個人曾說過：「除了能源專業人士外，社會上不論是政府官員、各級民代、學者專家、意見領袖及一般人民的能源／氣候知識都是經由報章雜誌、廣播電視等新聞媒體而得。許多錯誤的資訊，竟成為決定我國國家命脈的政策基礎。更不幸的是，錯誤資訊經過一再轉載，以訛傳訛竟成真理。

新聞媒體常有此類失誤並不令人意外，因為能源／氣候問題原本就十分專業。指正其錯誤避免其一再犯錯誤導大眾，應是能源業界義不容辭的任務，但極少看到有此類的「來函更正」。

個人在國內外多年從事能源事業相關工作。積30年能源相關經驗，可說是能源產業老兵。願盡棉薄之力，在時間等條件容許下將在個人新聞之部落格中（http://taiwanenergy.blogspot.com）針對接觸到媒體對能源的錯誤報導或錯誤意見予以討論。」[1]

本人於媒體並無偏見，指正媒體的錯誤報導，也不過希望對社會各界在能源問題的正確了解上，略盡棉薄之力。

因應核四公投，提供平衡報導 [2]

目前在台灣最熱門的話題就是核四公投。依近日民調，多數民眾都強力反對核四計畫。我們對此結果並不表詫異。因為一般民眾的核能知識都由媒體「學習」而得，而有些媒體提供的核能訊息又往往並不盡正確或不夠完整。更不幸的是，媒體經常未經查證而引用同業錯

---

[1]　《能源與氣候的迷思》。
[2]　美國商會白皮書，2013。

誤報導，以訛傳訛影響了更多的民眾。台電在媒體誤導後儘管經常以新聞稿方式澄清，只是很遺憾這些更正和澄清罕見報載。

本地媒體對核能的偏見已非一日之寒，而是累積數十年的老問題。有些媒體充斥對核能的負面報導，無怪乎民調顯示多數人反對核四計劃。在民主社會中，媒體是社會上最重要的溝通平台，總統、政府官員、各級民代、專家學者、社會賢達、一般民眾都是由電視、報章、雜誌取得資訊。如果媒體報導不盡正確，影響將遍及社會各階層。

核電安全當然是一個重要議題，但媒體似乎只關注此一議題，並未平衡報導停建核四將會造成的台電破產、電力不足、電費高漲等嚴重後果。媒體也很少報導世界許多國家在福島核災後，仍繼續推動核能政策。結果是民眾日後在面對公投時，可能無法獲取全面的資訊來做合理的選擇。此一影響台灣甚鉅的重大決定，我們認為在核四公投前，提供民眾所有相關的資訊，不但是台電，也是政府的責任。

近來媒體開始出現較多平衡報導的訊息，我們希望完整且清楚的公開論述在未來數個月能持續進行。

糾正錯誤資訊為何如此困難

去年（2012年）10月份的《科學人》雜誌刊登了中研院曾副院長的文章〈平反難，難如上青天！〉讀後實在感觸良多。該文指出錯誤資訊一入腦就很難去除，即使其後有正確資訊，記住最早錯誤資訊的人仍無視於這些新證據，信者恆信，不信者恆不信。

我國目前能源政策的重大偏差正是整個社會多年來為媒體上不盡正確的資訊所影響的後果。即使偶有正確資訊出現，也難去除先入為

主的負面資訊。目前政府民粹式的能源政策基本上是受兩種負面資訊的影響，一為核能極端危險，二為暖化極端危險。

以前者而言，近日中天電視辯論核四議題，反核者許多明顯錯誤言論雖遭當場駁斥，但觀眾是否能全然擺脫錯誤資訊的影響實不無疑問。曾文提出錯誤資訊難以去除的重要原因在於為了澄清真相，不免會提到錯誤資訊，但越是一再重複說明，人們越是記得錯誤訊息，而且時間隔得越久，新的正確資訊反而很快就被忘記。

以暖化造成海平面「暴漲」的錯誤資訊而言，聯合國IPCC報告指出百年後海水上昇約為40公分，及錯誤資訊：媒體指出百年後海平面將上昇25公尺，將「水淹101大樓」。[3]

但雜誌封面實在太驚悚了，水淹101大樓的圖像很容易記得，IPCC報告的列表不容易給人有深刻印象。久而久之說不定大部分讀者還是只記得雜誌所刊登的錯誤資訊，這完全可驗證曾文所解釋錯誤資料很難去除的原因。

另一個錯誤資訊倒是IPCC造成的。

IPCC 2001第三版報告中一再出現一張地球過去千年溫度變化圖，這就是非常有名的「溫度曲棍球桿圖」，因為該圖顯示過去千年來地球溫度都十分穩定，直到20世紀地球溫度忽然竄昇，整個溫度圖很像一個橫擺的曲棍球桿。左邊有如桿身平放於地面，而右方如同擊球的桿尾成垂直狀，所以有「溫度曲棍球桿圖」的名稱。全球不知多少書刊報紙都一再轉載該圖，成為一般大眾最常看到的一張「千年溫度變化圖」。

---

[3]　天下雜誌369期，2007年4月。

但在IPCC報告出版後不久，就有學者發現該圖所依據的論文錯誤百出，因為這影響到IPCC的聲譽及可信度，不可等閒視之，美國國會終於介入調查，發現該圖有統計學上的嚴重錯誤，不應採信。IPCC「從善如流」，在其2007年第四版的報告中悄悄的將該圖移除，但該圖已造成極大的影響，至今還有無數人認為目前地球溫度是過去千年來最高的。

最後再提一個歷史上的重大「懸案」，主角是雍正皇帝。

雍正一直都為「改詔奪位」的謠言所困擾，民間傳言雍正將康熙遺詔「傳位十四子」改為「傳位于四子」而奪位。雍正不堪其擾，終於頒布了「大義覺迷錄」駁斥此一謠言。但不幸越描越黑，這一謠言因「大義覺迷錄」的頒行天下而廣為人知。人們只記得諸皇子奪位的精采故事，根本無視於雍正的解釋。還是乾隆比較聰明，即位後立即禁止「大義覺迷錄」的流通。

雍正如果讀了曾志朗的文章，可能對頒布「大義覺迷錄」會三思而後停。

給高希均董事長的公開信——對於遠見雜誌核四誤導之討論

高董事長勛鑒：

去年12月出刊的遠見318期，封面故事為「八任總統都搞不懂的核四風暴」，花了近50頁篇幅討論核四問題，但誤解／誤導之處至少十餘處。

本人於12月在「台灣能源」部落格發表了3篇文章指出該篇報導誤導之處約略如下：1、統包，2、設計變更，3、韓國與核電，4、核

災，5、備用容量，6、全面廢核，7、再生能源，8、放棄核四，9、特殊型核電廠，10、儀控系統，11、建廠時程，12、商轉跳票，13、建廠費用等等全面性的駁斥與澄清。

個人部落格文章在發布後均致寄遠見雜誌，但如石沉大海，均無回應。

目前媒體上充斥對核四的錯誤報導，各媒體囫圇吞棗以訛傳訛，但以遠見雜誌本期近50頁的報導集其大成，錯誤的影響非國家之福，深為可憾。

個人於1月10日受立法院經濟委員會邀請列席立委對經濟部長／原委會主委／台電董事長針對核四之質詢時，即親眼目睹立委手執該期雜誌，擷取錯誤資訊質詢政府官員。

去年年終晚會鬧劇及所謂媽媽監督核四團體之興起，貴刊恐怕都有不可推卸的責任。

貴刊對本人部落格處理可考慮三種對策：

1、不檢討，保持緘默，甚至強辯，這絕不是世界上任何有聲譽的雜誌所會採取的態度。這類反應只會加強遠見雜誌在錯誤議題報導上的偏執形象，為有識者所譏，此為下策。

2、重新報導核四計畫，更正當期錯誤報導，並向全國人民致歉，此為中策。

3、遠見利用此機會深刻反省，深切瞭解我國目前極為謬誤的「減碳降核」政策對我國電價及經濟造成的重大衝擊，成為國內推動正確能源政策的主要媒體。此舉對提升遠見及高董事長在國人中形象事小，對貢獻國家事大，此為上策。

國家重大政策極需公平、公正、公開、有理性、有建設性的討論辯證。爭議性議題尤需深入了解，務求全方位訪求真相，端正視聽，此乃是珍惜羽毛的重量級雜誌應為當為之舉。

　　敬候佳音。

陳立誠

吉興工程顧問公司董事長

能源政策建言（代結語）

1. 核四續建並商轉
2. 現有核電廠應予延役
3. 放棄短程減碳目標
4. 加快燃煤機組建設
5. 減緩燃氣機組建設
6. 規劃合理能源配比
7. 增進能源使用效率
8. 關注國際能源科技發展
9. 積極參與國際碳交易計畫
10. 關注國際碳捕捉與封存發展
11. 規劃調適政策
12. 關注國際氣候工程發展

附錄

附錄1　核能安全與核廢料處置

核能安全與核廢料處置是反核的兩大理由，所附兩篇文章：

1、核四ABWR機組安全性

2、高階核廢料處置——確實了解，務實面對

均為該領域專家所著，資料豐富，說理清楚，茲附於本書以解大眾疑慮。

核四ABWR機組安全性

濮勵志[*]

「核電專業」已打通任督二脈，卻被十二道金牌拉到「風波亭」

最近新內閣上台，第一個面臨的課題是核四應否續建，正反兩面攻防已無限上綱。如果爭議只在再生能源、節能減碳或電價等方面，筆者不是各該方面專家，不當置喙。但如第一焦點仍然是安全，我個人專業上親身應對了近世三大核災（美國賓州三哩島、前蘇聯車諾比、日本福島），並直接參與後續改正，確信問題已經塵埃落定。如還有人誤導民眾危言聳聽，就不得不站出來說幾句話，因為既然到了

[*]　濮勵志：台灣大學物理系畢業，英國曼徹斯特大學博士
Micro Simulation Technology 總經理

「公投」層次，就得讓反核媽媽、阿公阿嬤以及社會賢達等所有民眾實際了解，不用專業名詞，並且所列皆個人經歷心得，已發表並在業內記錄，絕非人云亦云，就此情商予國人。

我經歷是跟著幾次大災難走的。一九七九年三哩島發生後那家公司新設工程部門招人（他們原來沒有，除運轉人員外只有四人管執照文書），做沒受損一號機的改良工作。事故總結原因是設計廠商、監管部門和營運單位普遍認識不足，三哩島事發時主控室燈號如聖誕樹，操作員眼花撩亂不知所措。花五年時間改正後重啟發電，其後數年績效全美第一。我在那裡工作整整二十年，該廠至今運行良好，已獲准延役二十年。

我在那兒使用當時最先進的電腦安全分析程式，光輸入就幾百行，總是遭遇錯誤信號，我想太麻煩了，該有更有效率的方法，緊急時能即時應對，就用FORTRAN寫了一套程式。那時台電原動處、核研所和清華也跑同樣的電腦程式，就交流心得，順便把自己寫的程式給大家試用，因此認識後來做到原能會主委和處長、核研所多位所長、副所長，台電主管核安高層，和清華幾乎所有教授。

八零年代初個人電腦出現，我花了五千多元買了一台XT，請公司裡裝電腦的小伙子把輸出狀況用彩色圖形顯示，好像有市場價值，就去註冊了一個公司。上班的GPU公司不做產品生意，我就以讓他們免費使用做交換。八五年第一次在華盛頓全美核能大會上擺個攤子展示，有個老頭來看了很感興趣，原來他就是核管局NRC的主席（Nunzio J. Palladino），不久後就收到訂單，這是我們第一筆生意。

一九八六年到日內瓦的全歐核能大會擺攤，碰上蘇聯車諾比事件剛發生。蘇式石墨設計與西方輕水式本質不同，它基本上不存在穩

定狀況，操控失當時有可能變成「超臨界」，不用專業名詞就是原子彈。輕水式是相對穩定的，與蘇式比較就像啤酒之於高粱酒，高粱酒一點就燒，啤酒再怎麼點也燒不起來的。與會大眾當時正面臨自己國內反核、廢核壓力，要與車諾比撇清，最好的方法就是用一台簡單易懂的PC來顯示自己的有多優越，所以我們又賣了幾台。

九零年代我們持續與台灣核能界密切交往，共同開發此軟體，清華採用做成畢業博士論文兩篇，碩士數十，台電用作緊急計畫演練，核研所自行開發核四數位化儀控找錯工具，和設計核三飼水系統，原能會以此做緊急分類等級。國際上聯合國原子能總署IAEA自九八年起「核電仿真研習班」採用做教材，我每年去授課。全世界主要官方機構和大學均採用此工具，可謂成功台灣經驗，在世界有一席之地。

說到日本福島事故，筆者自兩千年時就給他們國家實驗室和全國核安應急中心做培訓，他們採用了我公司開發的核電安全分析軟體，但未及時更新最新版本，也沒應用到補強。事發後第一時間我們就用新版分析福島第一到第四機組事件前因後果，與現狀完全吻合。網上發表後紐約時報於四月三日專訪了美國能源部長朱棣文、NRC主席、幾位大學教授、法國AREVA公司高層（他們供應福島核燃料）和我本人，確認為最具權威性「核事故刑事偵查」報告。英國ITN、日本TBS、和義大利RAI電視都來專訪。其後IAEA、美國能源部來函要求支援，我們在日本的合夥公司CSAJ直接參與事故分析和總結報告，韓國和義大利當局都來接觸，一年以後各國官方報告和核能政策基本上與我們看法一致。

核心停機後有相當的輻射熱，過去設計誤入歧途，一定要依賴外電源或柴油發電機驅動高壓泵，供應緊急冷却水。碰到九級地震和海

嘯切斷供電，爐心高壓不退，水灌不進去，就坐以待斃了。如考慮到只需可靠的洩壓控制閥，把原子爐壓力放掉，加上防水的發電機把預儲的冷卻水低壓打進去，靠自然對流散熱，就可維持三、四天無虞。台電一、二、三廠這一年半來的補強，類似全世界四百餘機組應對措施和新廠設計，都已保證以上各點。

福島事故時，靠救火車和直升機來噴灑海水，形同兒戲。十天後我們分析的曲線上網發表後，GE公司第一代安全系統設計人Richard Lehay Jr找到我，要我們供應福島四台機組的尺寸參數，做海水鹽滷分析。早在八十年代後期，他在RPI大學核工系當講座教授時，就採用了我們軟體。

核研所、清華和台電合作去年發表於《Nuclear Engineering & Design》期刊上的那篇〈「斷然處置」Ultimate Emergency Measures〉論文，在核能史上有里程碑式重要性，台灣核安水準和見識實質上同步甚至領先世界。

反核者謂現當局應效法三十年前蔣經國暫停核四，那時台電預訂的美國「燃燒工程」（Combustion Engineering）機組讓韓國人撿去。他們送幾百、上千人赴美，白天學晚上偷圖紙資料，曾被警察逮到送上法庭。其後CE倒閉由西屋接收，韓國就有所謂「韓國標準式」KSNP自己的設計了。至今已建好OPR1000七台，APR1400四台，在建八台，加上舊有的八台和企劃中的，全國三十多機組，他們走的可是「全核家園」路線！並出口阿聯酋四台，價二百億美元。又積極投標芬蘭、南非、東南亞和中東的案子，預估是繼汽車、電子後第三大出口產業。目前韓電是我們最大客戶，直接參與他們新廠設計。

再說伊朗Buchehr廠最先用德國設計，後改用俄式，歷經專家被暗殺、控制系統被病毒入侵和導彈來襲威脅，依然完工滿載發電，如果哪天真挨飛彈炸了也青史留名，總沒自己掛了，貽笑天下。

幾年前我在台北參加「台日核能技術交流會」，日方報告平均發電天數只有一半（我們有百分之七、八十），年均跳機率好幾次（我們不到一次），大家深感意外。其實日本核能界多年來依賴美商，因循積弊，福島後他們沉痛反省，這已是客觀公論。台灣總有人深信台不如日，日本都出了那麼大的紕漏，台灣一定一塌糊塗，其實大謬不然。

反核者總以德國作例，它們有綠黨淵源，不足為訓。二十餘年前我公司也支援過他們新建的Muelheim-Kaerlisch廠，開始發電後反核者以建照不合程序為由，訴訟經年，最後不僅停機，整廠機組加上鋼筋水泥廠房硬是拆成平地，種上牧草綠樹，如今諸君不妨專訪一遊，保證心曠神怡。蓋到大部份卻放棄的例子有菲律賓，以菲為師以後可期「台勞」滿天下。

各位可能不知，核四工程在國際上有相當知名度，我們直接涉入的就有以下三樁：

1、美國陸軍位於華頓近郊Fort Belvoir反大規模殺傷武器作戰署US Army Combating Weapon for Mass Destruction Agency（USACWMD）為證實新型ABWR即使遭恐怖份子破壞或劫持，也不致輻射洩漏傷人無數，找到我們幫忙。我們就用為台電和原能會開發的ABWR程式，略作修改滿足美方規格，於去年完成交貨，其主界面如下：

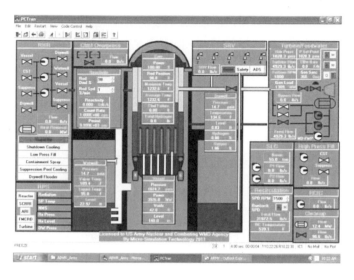

附錄1-1　ABWR程式主界面 [1]

　　圖中除參數為英制（核四用公制）以外，與核四完全相
同。我們去了警備森嚴的兵營，為他們做培訓，反覆演練各
種情況，包括爆破緊急設備、劫持操作員工、甚至讓非常專
業的恐怖份子像九一一的飛行員一樣，故意造成最大傷害。
ABWR設計，的確相當耐打，絕對不像外界所說弱不禁風，
應該以「固若金湯」來形容。這可不是空口白話，經過美國
陸軍部嚴格驗證過的。

2、美國ABC電視網2012年九月起播放LAST RESORT「終極歸
　　宿」十三集電視劇，虛構導彈核潛艦抗命向巴基斯坦發射核
　　導彈，蒙冤叛變故事，採用我們為台電核四開發的核模擬機
　　作道具。其實核潛艦大都採用壓水式，不可能用ABWR，

---

[1]　彩圖頁為P.254。

SonyABC製作部門欺負觀眾不懂，我們也怕PWR太接近真的，有洩密之嫌，就以之擋塞。

電視拍的非常專業，真的核潛艦在夏威夷拍外景，潛艦裡面當然不讓拍，就在影棚裡搭了極端逼真的控制艦橋，有雷達、導彈、魚雷、聲納等操控儀表。最重要的推進部份，沒有一個反應器就不能算核潛艦，所以把我們的ABWR放在中心位置，可見「唬老百姓」中外一理。只是反核人士反過來「嚇老百姓」，我們的老百姓也太容易被嚇了。

3、美國南德克薩斯州South Texas Project也選用東芝ABWR機型，三、四年前曾多次派員來台觀摩學習，拜訪過台電大樓、原能會和核四工地。那時他們值工師常駐日本K 6-7廠參加陪訓，營建主管和處長William Jump常來台電「取經」。他們出資為德州三所大學購置我們的ABWR模型。Jump先生親口告訴我對核四工程進展和質量「Very impressed」。可惜在福島事件後他們的大股東「東京電力公司」為財務困難撤資，STP無限延期。

結論

總而言之，不做事的政府是最民主的政府，不發電的電廠是最安全的電廠，全世界最和諧的族群在台灣。台灣四十年來歷盡艱辛建立起來的產業，從業員工也兢兢業業克盡職守，在國際上已達頂尖水平。近三十年國外三大災難的肇因已為業界確認排除，無論運轉中和在建的核四，根本上已無安全顧慮。對我們這群練武的人來說，就像剛打通任督二脈，卻被十二道金牌拉到風波亭，於心何甘？被自己人

封殺還不如在伊朗當烈士被敵人刺殺。個人年過花甲,台灣一行行產業陸續凋零,可憐後生台勞跑天下,情何以堪?

　　盼「反核媽媽」、阿公阿嬤以及社會賢達和青年才俊們,慎用手中一票。

高階核廢處置——確實瞭解，務實面對！

黃慶村 *

引言

　　自從兩年多前日本福島311核能事故發生以來，核能議題已經變成台灣輿論的熱門議題。行政院宣佈要以公投決定核四是否停建之後，核能安全、核廢料處理以及核電對台灣電力供應、產業與經濟等的影響，成為各種媒體上正反雙方攻防論戰的焦點。由於核能所牽涉的專業非常廣泛，而台灣存有核廢是一個既成事實，不會因擁核或反核而有所改變，因此唯有確實瞭解與誠實面對，才是應有的負責態度。本文試從專業的角度探討高階核廢料深層地質處置的可行性與安全性，目的不在於宣說保證，而在於說明事實，內容雖難免流於技術性，但對一般大眾瞭解事實或有幫助。

多層障蔽保障高放廢棄物深層地質處置安全

　　目前坊間常以「處理」一詞涵蓋所有的核廢管理活動，所謂《高階核廢料沒辦法處理》其實是《高階核廢料沒辦法處置》之意。沒辦法處置也就是認為處置沒法確保安全，要做此斷定，必須從瞭解安全性如何確保著手。

　　早在美蘇展開核武競賽初期，美國國家科學院就在1956年推薦以深層地質進行高階核廢料（包括高放射性廢棄物與用過核燃料）

---

* 成功大學化工系博士，原能會放射性物料管理局前局長，中華民國核能學會放廢學術委員會召集人。

的處置，後續在國際原子能總署（IAEA）、經濟合作與發展組織（OECD）以及歐、美、日等核能大國的推動研究下，已證明深層地質處置極為安全，並為國際所普遍接受。

深層地質處置是採取多重障蔽的安全防禦概念，以建立多重阻礙的方式，阻絕放射性物質移動到人類的生活圈。第一層障蔽就是高階核廢料的本體，例如將高放射性廢棄物做成堅固的玻璃體，核電用過核燃料的燃料丸則做成陶瓷體；第二層障蔽是廢料體的容器，例如廢料玻璃體用不銹鋼容器密封盛裝，用過核燃料的陶瓷質燃料丸則包封在鋯合金鞘套內；第三層障蔽是金屬的外包裝層，也就是金屬棺，例如用足夠厚度的銅或耐蝕金屬作棺，以密封包覆廢料體容器；第四層障蔽是緩衝材料與回填材料，也就是在金屬棺的四周以壓實的膨潤土層圍繞密封，再以母岩碎粒和黏土或膨潤土等的混合物夯實填滿膨潤土密封層和處置坑之間的空隙；第五層障蔽就是地質障蔽，包括處置母岩與周圍的地質岩層。

天賜絕佳的障蔽材料

五層障蔽所使用的材料，不論是金屬、礦土或地質岩層，其阻絕放射性物質移動的基本特性、加工方法與功能，都已經過現代實驗室的試驗研究與模擬計算加以驗證。

如大家熟知的，銅金屬腐蝕時會在表面生成一層保護膜，因此，即使在潮濕空氣，甚至非氧化性酸液存在的環境下，銅都具備很好的耐蝕性。在深層地質的無氧或還原環境之下，銅的腐蝕速率則幾近可以忽略。芬蘭就是採用銅做為包封用過核燃料的外棺，並預期在深層地質以及層層障蔽的保護下，用過核燃料能安置於銅棺內一百萬年。

膨潤土也是最終處置的關鍵性障蔽材料，它遇水會膨脹阻塞水的通路，並且對溶在水中的超鈾元素具有很強大的吸附能力，能將超鈾元素吸附固定，阻絕其遷移，是高階核廢最終處置絕佳的障蔽材料。

母岩地質也是天然的障蔽材料，除了提供穩定與封閉的功能外，萬一放射性物質突破重重障蔽，往人類生活圈移動時，處置場與人類生活圈間的地質圈，就會發揮阻絕、稀釋與延時的效果，使放射性物質移動到人類生活圈時，其放射強度已衰變到可接受的程度。

以「天然類比」為師

一般而言，用過核燃料處置後，大約經過十萬年，其放射性就會衰變到天然鈾礦的程度，如果是處置用過核燃料再處理後的高放廢棄物，則僅需約三千五百年。多重障蔽的安全概念也使用在低放廢棄物的最終處置，其放射性衰變到背景值的時間僅需三百年左右，因此，各層障蔽的功能沒有高放廢棄物處置時的要求高。

要證明最終處置場的功能在歷經數千年甚至數十萬年仍能保證有效，僅靠現代實驗室的短期研究與測試是不夠的，需要有更長期的事例加以佐證，因此所謂「天然類比」也就派上用場。

所謂「天然類比」是指利用經過長期演變的天然情境，以比擬、評估人造系統長期演變的可能結果。例如，在芬蘭Hyrkkölä和Askola地方的花崗岩中，曾發現存在於含硫酸鹽的地下水和氧化環境下的金屬銅，雖然已經歷了5千萬年，但仍然保持原狀。這對瞭解銅在深層地質環境下的長期耐用性，就是很好的天然類比。

中國很多歷經千年的古墓，墓穴內的屍體與陪喪物仍然保持不爛，主要是因為「槨室的四周用木炭隔潮，又用白膏泥填塞」，木炭

能吸水分，白膏泥就是高嶺土，能密封隔絕水份與空氣，因此埋在地下十幾公尺墓穴中的喪物，能長久保持下來。另外，在匈牙利的一個礦場，也發現了一座埋在黏土地層下的柏樹林，雖已被埋藏八百萬年之久，但其樹幹態樣仍然完整保持。這些對以礦土做為處置障蔽材料都是很好的天然類比。因此，比高嶺土和黏土的水密封性以及離子吸附性更佳的膨潤土，即被廣泛使用為現代高階核廢處置的障蔽材料。

遠古的天然核反應爐遺跡佐證地質處置的安全性

除了以上的「天然類比」可共參考外，世界上還有一個發生在二十億年前的天然核反應爐遺跡，能更貼切地佐證高放廢棄物最終處置的安全性。這個遺跡在1972年被發現，地點在中非加彭共和國的Oklo鈾礦區。這是一個經過科學檢驗的天然核反應爐遺跡，在它被發現之前的1956年，美國阿肯色大學（U. of Arkansas）化學系的教授P. K. Kuroda，就已在化學物理期刊（The Journal of Chemical Physics）發表了題為《鈾礦物的核子物理安定性探討》的論文，以核子反應爐理論公式，預測在早於20億年之前的時期，地球上一定厚度的瀝青鈾礦有發生「天然核反應爐」的可能性。發生此種「天然核反應爐」的主要關鍵是，該時期的天然鈾所含有的鈾-235濃度高於3%，亦即高於現代核反應爐濃縮鈾核燃料的鈾-235濃度；現在天然鈾所含的鈾-235濃度已衰減為0.7%。

根據Oklo遺跡的核反應產物所進行核種分析與比對結果得知，這個天然核子反應爐曾持續進行了幾十萬年的核分裂反應，釋出的能量功率平均約100千瓦，估計約消耗了5噸的鈾-235，並產生了5.4噸分裂產物以及1.5噸的鈽和其他超鈾元素。調查研究還發現，現場遺留的

分裂產物和錒系元素，在二十億年期間只移動了幾公分。這個天然核子反應爐遺跡是一個時間夠長，規模夠大的高放廢棄物地質處置的天然類比事證，大自然以此向人類證明深層地質可以有效拘限高放廢棄物的核種移動。

　　Oklo天然核反應爐遺跡的現址是砂岩地質，砂岩是屬於多孔性的沉積岩，透水性比較高，照講它拘限核種移動的能力並不算好，但它仍然有效拘限了分裂產物和錒系元素的移動。因此，國際上已經普遍認同，以深度在三百到一千公尺，拘限核種移動的能力比砂岩更佳的的花崗岩、泥岩、中生代基盤岩等做為最終處置的母岩，並採用銅、膨潤土等能長期耐久的封閉性材料，以現代工程技術建構多層人工障蔽，應足以確保高階廢棄物最終處置的安全。

美國已經有高階核廢的處置場

　　有一個流傳坊間的說法是，現在國際上還沒有高階核廢的最終處置場，並以此為例，認定高階核廢沒有辦法處置。這是不確實的！國際上第一個高階核廢的最終處置場已在2000年在美國建成並開始營運。這個處置場在新墨西哥州卡爾斯貝（Carlsbad）鎮，是專為美國發展核武所產生的超鈾高放廢棄物最終處置而建造的。它之所以不廣被知曉，主要是因美國政府承諾只用以處置國防超鈾廢棄物，不做核電高階核廢處置之用，在美國人不落人後的愛國心驅使下，沒費太多周折就選定了場址，並刻意稱為「廢棄物隔離先導場（Waste Isolation Pilot Plant，WIPP）」。這個處置場的地質是岩鹽，也就是氯化鈉岩體。氯化鈉很容易溶解於水，但是在水份稀少的環境下，它會緩慢地重新結晶，時間一久，晶粒接合在一起就會形成大顆的鹽塊，如果有

異物存在，就會被包封在晶塊內，連水也會被包封住。2003年筆者曾到該處置場參觀，友人旅美核能專家吳全富博士當時擔任該場的營運長，安排筆者進入處置坑道內參觀，一位地下坑道工程師送筆者一顆雞蛋大小的鹽塊，裡面有一個約兩三顆米粒大小的水泡，據陪同參觀的人解說，那水泡是一億兩千萬年前的水。水在那種地質環境下，也會被永遠包封住，更不用說是固態的高階核廢了。

卡爾斯貝超鈾廢棄物處置場至今已運轉了十三年，使美國清理核武發展基地的高階核廢得以最終處置。該處置場雖以「廢棄物隔離先導場」為名，但其實是一個坐落在橫跨數州、廣大無邊的岩鹽地盤上的處置場，以之容納處置全世界的高階核廢都綽綽有餘。去年十二月，筆者應邀參加廈門大學主辦的「核能與核燃料循環論壇」，一同應邀參加的美國民用放射性廢棄物管理署（OCRWM）前署長Margaret S. Y. Chu女士（華裔）曾告訴筆者：WIPP為卡爾斯貝鎮民所歡迎，也帶來不少建設與發展，因此當美國核電用過核燃料最終處置的亞卡山計畫被擱置後，該鎮派代表到國會和能源部遊說，爭取把核電用過核燃料送到WIPP處置。我們可以說：核電高階核廢最終處置之所以進展遲緩，主要是政治、社會與經濟等利益糾葛的關係，並不是安全與技術方面的問題。

高放廢棄物不是不能處置，只是需要時間！

高階核廢最終處置除了選址需要冗長的溝通外，即使有了預定場址，還需要做進一步的詳細地質調查與水文調查，並且要建立地下實驗室進行地下實驗。一般而言，溝通、選址、地質調查、地下實驗室實驗等工作，需時短則二、三十年，長則四、五十年，處置設施本身

的建造通常只需要十年左右。因此，除了芬蘭正在建造，預定在2020年建成運轉外，其他國家最快的也僅進行到地下實驗室階段，尚未進入設施建造階段。

就高放廢棄物與用過核燃料等兩種高階核廢的最終處置做比較，前者須維持約三千五百年，為後者十萬年的三十分之一左右。雖然前者的體積遠少於後者，但因兩者總衰變熱差異不大，所需要的處置面積也差不多。用過核燃料再處理可以提煉出鈽和鈾再利用，對資源的善用有利，但再處理的成本很高，採用將用過核燃料再處理的總成本要比直接處置增多出一至兩倍。另外，用過核燃料再處理提煉出的鈽，只要少量就可以製造成核子彈，事關核子擴散的敏感問題，因此如何發展成本較低、能防止核子擴散的再處理技術，目前仍在研究中。因此，在多方的權衡考量之下，近年來遂有所謂「百年長期貯存」的用過核燃料管理選項；荷蘭早就建好設施實施百年期的長期貯存，美國則正在計議中。畢竟將用過核燃料貯存百年並不是難事，在對社會、經濟與核武擴散等問題尚未有最好的答案之前，重新計議，事緩則圓，把事情做得更好，這也是需要時間的原因之一。但這不能解釋為高階核廢沒有辦法處置。

尋求核廢處置之道才是台灣的議題！

台灣有用過核燃料是既存的事實，政府現行的政策是：優先考量境內處置，不排除境外處置。但有很多聲音反對在台灣境內做處置，對台灣境內有沒有適合的母岩做處置也排斥調查研究。但如果我們是負責任的世代，對台灣核廢的何去何從，應該要有一個明確的交代！尋求核廢的解決之道才是台灣該探討的議題，否則只會使台灣更陷入困境。

境內處置既然是現行的優先政策，調查有無適合的母岩應是首要之務。有反對者以「台灣地質的齡期太短，長期穩定性不佳」，認為不適合做高階核廢處置。事實上，岩層齡期之長短不能與有無長期穩定性畫等號。依據國際選擇高階核廢處置場址的基本條件，一是地質的長期穩定性：從岩層的抬升率、侵蝕率，以及岩層的地球化學與水文地質環境是否會因地質及氣候變化而發生靈敏變化等做研判；二是長期穩定性必須是可預測的：經濟合作與發展組織（OECD）核能署（Nuclear Energy Agency，NEA）專家對此的建議是，以最近一百萬年的地質變動情況做為研判的依據。

根據目前所獲得的資料，台灣東部的岩層包括花崗岩、花崗片麻岩等，期齡約在八千萬至九千萬年，金門、馬祖、烏坵等外島的期齡較長，約在一億至一億四千萬年之間，與法國Meuse地下實驗室的泥岩期齡約一億五千萬年，相去不遠。要確定境內處置是否可行，應先把地質的長期穩定性調查清楚才是正辦，否則徒陷於空轉，也徒陷台灣於困境。

總結

台灣有核廢存在是既成的事實，不論低階核廢或高階核廢的最終處置，雖有政策，但常見反對與排斥之聲，少見理性與務實的探討，政策的執行已陷入困境。就現今台灣的情況而言，核廢處置問題的解決誠屬不易，但解決的途徑也有多端，基本上應以理性與負責的態度務實面對，執行單位應擬定境內與境外，短程與長程的解決策略，確實執行；社會大眾則應以共謀解決國家重大問題的態度面對，才是應行之道。

附錄2　反核文獻糾錯

綠色公民行動聯盟在本年3月6日出版了一本《核四真實成本與能源方案報告》及劉黎兒女士所著《台灣必需廢核的十個理由》均經常為反核團體所引用。但其立論實不足取，網路上有針對此報告及書籍的全面性逐頁檢視與駁斥文章，茲提供相關連結供讀者自行判斷。

核四真實成本與能源方案報告

https://docs.google.com/file/d/0B_O9OMg_Sbk4TDkzaFlYWXl6R28/edit

https://docs.google.com/file/d/0Bxbe-TLWbDqJdE55aFh6U2Nvak0/edit

台灣必需廢核的十個理由

https://docs.google.com/document/d/1wBu4Hao872kmOGB9snw8x8vbts Zmr_4TrFJH0IO_aTg/edit

https://docs.google.com/document/d/1tciOLo173dClHwqpeZ8zozpHw-asA9SsLQeNEw-1xEQ/edit

附錄3 彩色圖部落格索引

本書之彩色圖均可由"台灣能源"部落格原文檢視較大圖面。

附錄4　索引

附錄5 作者簡介

作　　者：陳立誠

現　　職：吉興工程顧問公司 董事長

學　　歷：哥倫比亞大學（Columbia）土木與力學系P.C.E
　　　　　克雷蒙遜大學（Clemson）土木系M.S.C.E
　　　　　台灣大學土木系B.S.C.E

證　　照：中華民國土木技師
　　　　　美國紐約州專業工程師（Professional Engineer）
　　　　　亞太工程師（APEC Engineer）

專業團體：中華民國工程技術顧問商業同業公會理事
　　　　　中華民國汽電共生協會理事
　　　　　台北市美國商會基礎建設委員會主席
　　　　　中國工程師學會對外關係委員會主任委員
　　　　　中國工程師學會電力及核安專案小組執行委員

著　　作：能源與氣候的迷思－2兆元的政策失誤，2012

部 落 格：http://taiwanenergy.blogspot.tw/

臉　　書：http://www.facebook.com/taiwanenergy

吉興工程顧問公司

吉興公司為電力專業工程顧問公司，30年來，吉興公司規劃設計近8成國內火力
電廠（燃煤、油、氣），業務並擴及海外。

附錄6 彩圖參照

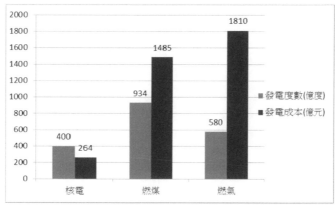

圖1-2 2010不同燃料發電度數與成本

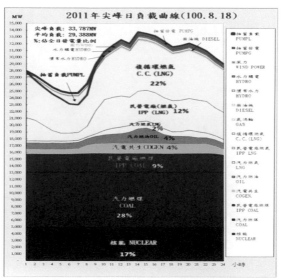

圖3-1 電力系統之尖、離峰負載

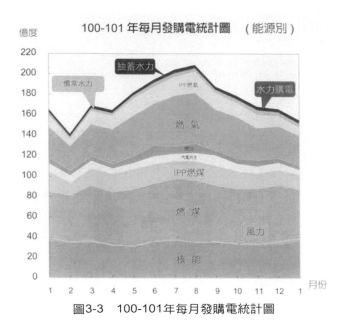

圖3-3　100-101年每月發購電統計圖

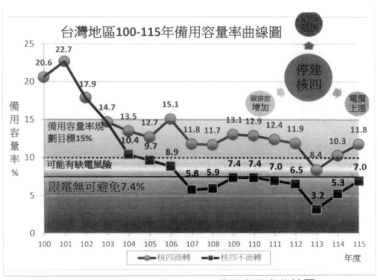

圖3-7　台灣地區100-115年備用容量率曲線圖

沒人敢說的事實

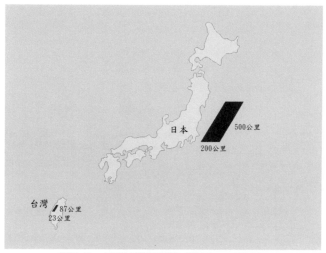

圖4-3　地殼錯動面積（311 vs. 921）

圖4-4　台灣活動斷層分佈圖

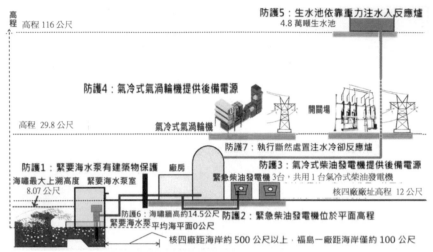

圖4-9　核四抗海嘯七道防線

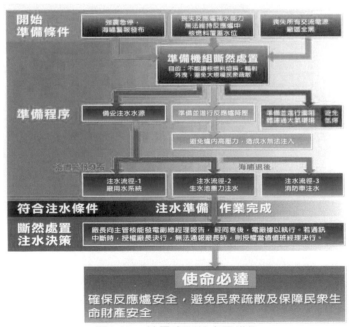

圖4-10　核電廠斷然處置措施

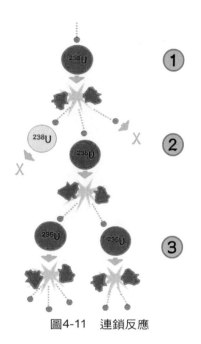

圖4-11 連鎖反應

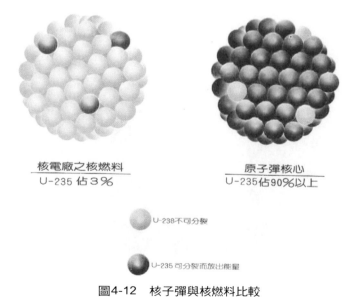

圖4-12 核子彈與核燃料比較

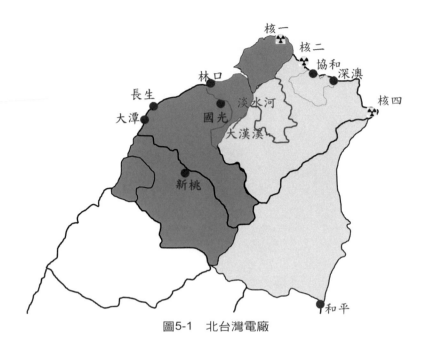

圖5-1　北台灣電廠

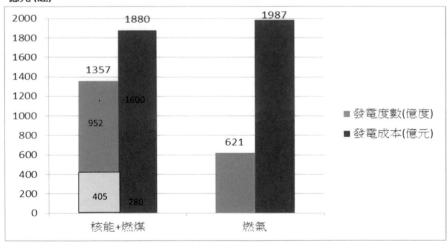

圖5-2　2011不同燃料發電度數及成本

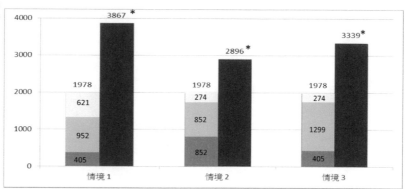

1. 情境1: 現況
2. 情境2: 基載80% (核能40%)
3. 情境3: 基載80% (核能不變)

氣
煤
核

* 不含水力、燃油等成本

圖5-3　2011三情境成本比較

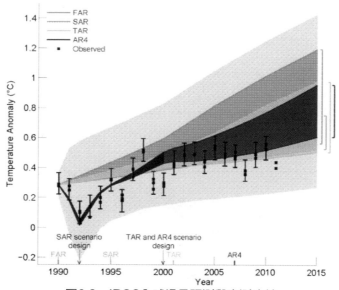

圖6-2　IPCC全球溫昇預測與實測比較

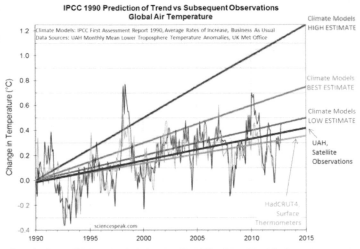

圖6-3　全球實測溫昇與IPCC FAR比較

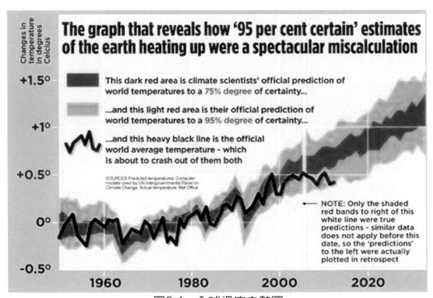

圖6-4　全球溫度走勢圖

歐洲的冬天為什麼比北美洲溫暖？

　　歐洲冬季之所以比大西洋另一岸同緯度的北美洲溫暖，一個世紀前的解釋是溫暖的墨西哥灣流之故。然而新的解釋把重點放在噴流、盛行風以及北極的空氣上。

新理論 1：噴流
振盪的空氣噴流從西南方往歐洲吹。這些風會拂過海洋溫暖的表面，並帶走夏季時儲存在水中的熱能。

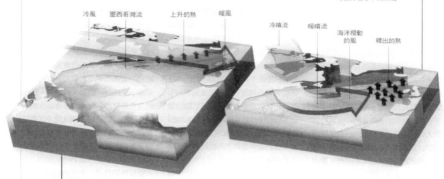

冷風　墨西哥灣流　上升的熱　暖風

冷噴流　暖噴流　海洋攪動的風　釋出的熱

傳統理論，錯了！
墨西哥灣流攜帶溫暖的熱帶海水流向美國東南部，接著穿越整個大西洋，朝歐洲前進。根據過去的理論，一旦海水抵達歐洲附近，便會加熱上方的空氣，讓暖空氣朝歐洲內陸移動。

圖6-6　大西洋輸送帶（1）

新理論 2：盛行風
墨西哥灣流在行經整個大西洋時，會沿途將熱能釋放到大氣中。空氣噴流再將熱能一路往東帶，進而使歐洲的氣溫變暖。

新理論 3：壓力系統
熱能沿著墨西哥灣流的路徑釋放而出，產生穩定的高氣壓系統（H）以及低氣壓系統（L）。壓力系統會引導溫暖的盛行風吹向歐洲，並且吸引來自北極的冰冷盛行風往北美東岸吹送，進而拉大了歐洲和北美大陸的溫差。

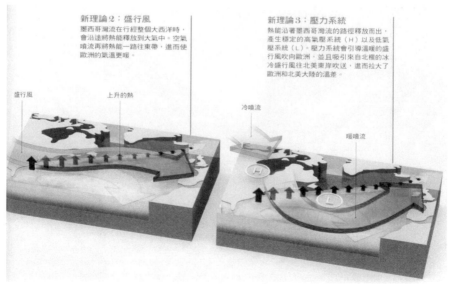

盛行風　　上升的熱

冷噴流

暖噴流

圖6-7　大西洋輸送帶（2）

International gas prices, Asian coal and Brent, 2008-12

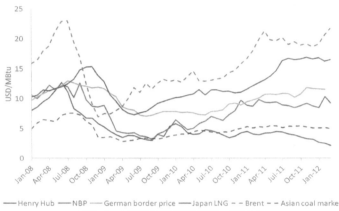

圖9-4　國際氣價與亞洲油／煤價

Asian natural gas prices and markers, 2009-12

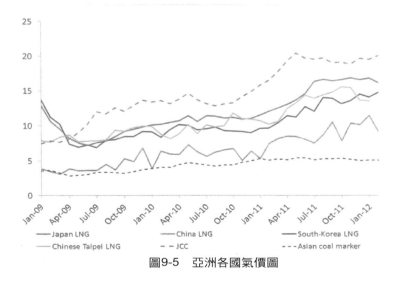

圖9-5　亞洲各國氣價圖

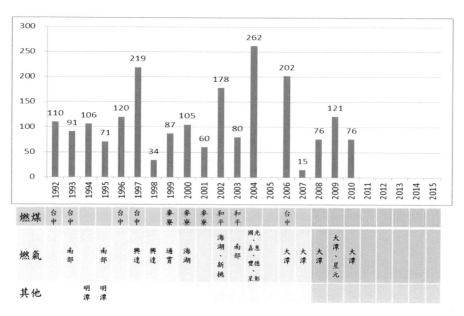

圖9-7　1992-2015完工機組

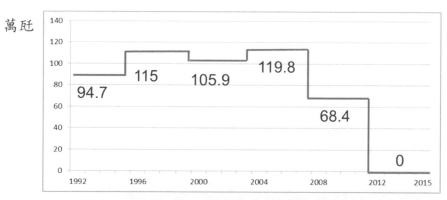

圖9-8　1992-2015每四年平均完工機組（萬瓩）

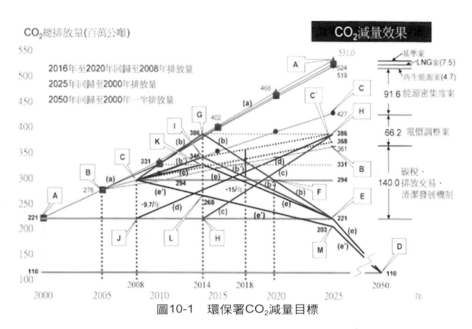

CO₂總排放量(百萬公噸)

CO₂減量效果

2016年至2020年回歸至2008年排放量
2025年回歸至2000年排放量
2050年回歸至2000年一半排放量

基準案
LNG案(7.5)
再生能源案(4.7)
91.6 能源密集度案
66.2 電價調整案
碳稅·
140.0 排放交易·
清潔發展機制

圖10-1　環保署CO₂減量目標

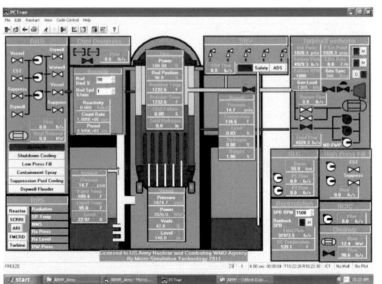

附錄1-1　ABWR程式主界面

Do觀點01　PB0024

沒人敢說的事實
──核能、經濟、暖化、脫序的能源政策

作　　者／陳立誠
責任編輯／邵亢虎
圖文排版／楊家齊
封面設計／王嵩賀

出版策劃／獨立作家
發 行 人／宋政坤
法律顧問／毛國樑　律師
製作發行／秀威資訊科技股份有限公司
　　　　　地址：114 台北市內湖區瑞光路76巷65號1樓
　　　　　電話：+886-2-2796-3638　　傳真：+886-2-2796-1377
　　　　　服務信箱：service@showwe.com.tw
展售門市／國家書店【松江門市】
　　　　　地址：104 台北市中山區松江路209號1樓
　　　　　電話：+886-2-2518-0207　　傳真：+886-2-2518-0778
網路訂購／秀威網路書店：https://store.showwe.tw
　　　　　國家網路書店：https://www.govbooks.com.tw

出版日期／2013年9月　BOD一版　定價／320元

|獨立|作家|
Independent Author

寫自己的故事，唱自己的歌

沒人敢說的事實：核能、經濟、暖化、脫序的能源政策 /
陳立誠著. -- 一版. --　臺北市：獨立作家, 2013.09
　　面；　公分. -- (應用科學類；PB0024)
BOD版
ISBN　978-986-89761-0-8 (平裝)

1. 能源政策　2. 文集

554.6807　　　　　　　　　　　　　　102013927

國家圖書館出版品預行編目

讀 者 回 函 卡

感謝您購買本書，為提升服務品質，請填妥以下資料，將讀者回函卡直接寄回或傳真本公司，收到您的寶貴意見後，我們會收藏記錄及檢討，謝謝！如您需要了解本公司最新出版書目、購書優惠或企劃活動，歡迎您上網查詢或下載相關資料：http:// www.showwe.com.tw

您購買的書名：＿＿＿＿＿＿＿＿＿＿＿＿＿＿＿＿＿＿＿＿＿

出生日期：＿＿＿＿＿年＿＿＿＿＿月＿＿＿＿＿日

學歷：□高中 (含) 以下　　□大專　　□研究所 (含) 以上

職業：□製造業　□金融業　□資訊業　□軍警　□傳播業　□自由業
　　　□服務業　□公務員　□教職　　□學生　□家管　　□其它＿＿＿＿

購書地點：□網路書店　□實體書店　□書展　□郵購　□贈閱　□其他

您從何得知本書的消息？

　□網路書店　□實體書店　□網路搜尋　□電子報　□書訊　□雜誌
　□傳播媒體　□親友推薦　□網站推薦　□部落格　□其他＿＿＿＿＿＿

您對本書的評價：(請填代號　1.非常滿意　2.滿意　3.尚可　4.再改進)

　封面設計＿＿＿　版面編排＿＿＿　內容＿＿＿　文／譯筆＿＿＿　價格＿＿＿

讀完書後您覺得：

　□很有收穫　□有收穫　□收穫不多　□沒收穫

對我們的建議：＿＿＿＿＿＿＿＿＿＿＿＿＿＿＿＿＿＿＿＿＿

＿＿＿＿＿＿＿＿＿＿＿＿＿＿＿＿＿＿＿＿＿＿＿＿＿＿＿

＿＿＿＿＿＿＿＿＿＿＿＿＿＿＿＿＿＿＿＿＿＿＿＿＿＿＿

＿＿＿＿＿＿＿＿＿＿＿＿＿＿＿＿＿＿＿＿＿＿＿＿＿＿＿

11466
台北市內湖區瑞光路 76 巷 65 號 1 樓

獨立作家讀者服務部 　　　收

··

（請沿線對折寄回，謝謝！）

姓　　名：＿＿＿＿＿＿＿＿　年齡：＿＿＿＿　性別：□女　□男

郵遞區號：□□□□□

地　　址：＿＿＿＿＿＿＿＿＿＿＿＿＿＿＿＿＿＿＿＿＿

聯絡電話：(日)＿＿＿＿＿＿＿＿＿＿　(夜)＿＿＿＿＿＿＿＿＿＿＿

E-mail：＿＿＿＿＿＿＿＿＿＿＿＿＿＿＿＿＿＿＿＿＿